Julie: Glaubst du an mich?

Danton: Was weiß ich! Wir wissen wenig voneinander. Wir sind Dickhäuter, wir strecken die Hände nacheinander aus, aber es ist vergebliche Mühe, wir reiben nur das grobe Leder aneinander ab – wir sind sehr einsam.

Julie: Du kennst mich, Danton.

Danton: Ja, was man so kennen heißt. Du hast dunkle Augen und lockiges Haar und einen feinen Teint und sagst immer zu mir: lieber Georg! Aber da, da, was liegt hinter dem? Geh, wir haben grobe Sinne. Einander kennen? Wir müßten uns die Schädeldecken aufbrechen und die Gedanken einander aus den Hirnfasern zerren.

(Georg Büchner, Dantons Tod)

Michael Kahn-Ackermann

China - Drinnen vor der Tür

Erfahrungen mit dem chinesischen Alltag

Fotos: Florian Reissinger

GDCF München

Herausgeber: GDCF München, e.V.
Verlag: China Studien- u. Verlagsgesellschaft mbH

1. Auflage 3000, München 1979

Satz: Verlag Thomas Martin, München
Druck: Tulbeck-Druck, München
Layout: Claudija Guter

Vertrieb:

Verlagsbuchhandlung
THOMAS MARTIN
Neureutherstraße 27
8000 München 40
Tel. 089 / 271 77 78

China Studien- und
Verlagsgesellschaft mbH
Paul-Lincke-Ufer 39/40
1000 Berlin 36

INHALTSVERZEICHNIS

1. Mein China, dein China...

Es ist ein Ausdruck des hierzulande gängigen Stumpfsinns wissenschaftlichen Denkens, daß seine Vertreter ihre Bekenntnisse in Vorworte abschieben, um sie in den folgenden Worten vergessen und sich erleichtert den „Fakten" zuwenden zu können. Das mag einer der Gründe dafür sein, daß die akademische Sinologie nur wenige lesenswerte Bücher über China hervorgebracht hat.

Darin befindet sie sich in einer merkwürdigen Übereinstimmung mit jener „maoistischen" Bekenntnisliteratur, die bis zum fatalen Sturz der „Viererbande" und den ihn begleitenden Enthüllungen über die autoritären und unmenschlichen Aspekte des chinesischen Systems unsere Buchläden überschwemmt hat. Dem Sinologen wie dem „Maoisten" ist gemeinsam, daß sie dem Schrecken der Wirklichkeit aus dem Wege gehen. Schlimmer ist, daß sie sich vor lauter Gescheitheit bzw. Überzeugung selber vergessen.

Als ich am 13. September 1975 ins Flugzeug stieg, erschöpft vor Erwartung und Ängstlichkeit, lag ein siebenjähriges Sinologiestudium hinter mir. Es bestand im Wesentlichen aus einem Kampf gegen die Gefühle von Hilflosigkeit und Langeweile, die mir aus den Vorlesungen, Seminaren und Büchern entgegenkamen. Wie ein überdimensionales Löschpapier saugten sie mir Neugierde und Phantasie aus dem Hirn, und nur meinen politischen Sehnsüchten und Hoffnungen habe ich es zu verdanken, daß sie mir nicht jedes Interesse an China austreiben konnten. Wie viele andere, deren politische Überzeugungen sich in den Windungen der Intellektuellenbewegung der 60-er Jahre geformt haben, war mein Bild Chinas erfüllt von der Erwartung, dort ein Stück unserer zukünftigen Wirklichkeit zu finden. Ohne ein fanatischer „Maoist" zu sein, neigte ich dazu, alle unerfreulichen Aspekte des chinesischen Sozialismus für das „Uneigentliche" am chinesischen System zu halten, für „Muttermale der alten Gesellschaft", die ihm im Grunde äußerlich waren. Ich war gerne bereit, zu konzedieren, daß der chinesische Sozialismus nicht fehlerlos war.

Und dann war alles ganz anders, als ich es mir vorgestellt hatte. Ich war nicht schockiert von Armut und Rückständigkeit, wie unsere chinesischen Betreuer immer befürchteten, ich war schockiert über die permanenten Lügen, die uns aus glatten und lächelnden Kadergesichtern entgegenkamen. Noch schockierender war, daß sie garnicht annahmen und auch keinen Wert darauf legten, daß wir ihnen glaubten.

Ich war nicht so sehr entsetzt über den monströsen Bürokratismus, der auf dem Land lastet, als über die Brutalität, mit der man uns wie den Chinesen gegenseitigen menschlichen Kontakt unmöglich machen wollte. Ich sah mit der Zeit, daß sich darin die Brutalität widerspiegelte, mit der das System in diesen Jahren oft genug mit seinen eigenen Bürgern umsprang.

Mich erschreckte nicht die Einförmigkeit der Kleidung, vielmehr die Einförmigkeit der sprachlichen und politischen Rituale, die sich wie eine nahtlose und elastische Haut über das Land legten, an der jeder Versuch abglitt, Zugang zur Wirklichkeit zu finden. Selbst der Umgang der Chinesen untereinander schien mir damals durchtränkt von Argwohn und Unaufrichtigkeit.

Andere haben diese Erfahrung auch gemacht, und viele von ihnen haben sich schließlich von China abgewandt, voller Wut und Zynismus, mit dem Gefühl, einer großen Lüge aufgesessen zu sein. Ich kann sie verstehen, aber ich denke dennoch, daß sie Unrecht haben. Man revidiert einen Fehler nicht dadurch, daß man ihn mit umgekehrten Vorzeichen wieder begeht. Ich habe vielmehr den Verdacht, daß die Ursache dieser Krise in unseren mangelhaften Erfahrungen und falschen Maßstäben im Umgang mit der Wirklichkeit liegt. China zu begreifen und zu beurteilen, verlangt zunächst, daß wir uns über uns selbst klarer werden.

C h i n e s i s c h e R a d f a h r e r . Schon am Tag meiner Ankunft fühlte ich mich von ihnen angezogen, stand lange am Straßenrand, um ihnen zuzusehen. Der Strom der Radfahrer floß dahin, ohne Unterbrechung, zielstrebig aber dennoch ruhig, mehr bewegt als getrieben vom gelassenen Niedertreten der Pedale. Die ganze Straße war erfüllt von diesem Rhythmus, sie selbst schien zu strömen in einer zugleich kräftigen und weichen Bewegung. Ich stieß mich an der konzentrierten Gelöstheit dieser Bewegung, all mein Gefühl der Fremdheit schien in ihr versammelt und zugleich das eines tiefen Wohlbehagens. Überall traf ich sie wieder, in den überfüllten Straßen Shanghais, bei der Arbeit auf den Reisfeldern, in den Fabriken.

Ich begann China zu entdecken, als ich auf Antworten stieß, auf die ich keine Fragen wußte.

Es genügte nicht, vorgefaßte Bilder und Meinungen aufzugeben. Schwieriger war es, zu begreifen, daß sich die chinesische Wirklichkeit nicht mit dem Maß meiner Hoffnungen und Ängste messen ließ, daß meine scheinbar erfüllten Träume ebenso oft auf Mißverständnissen beruhten, wie meine enttäuschten Träume. Es beeindruckte mich zu Beginn meines Aufenthaltes, daß unsere chinesischen Kommilitonen sich regelmäßig versammelten, um aktuelle politische Fragen zu „diskutieren", bis ich begriff, daß sie darunter etwas völlig anderes verstanden als ich, nämlich die Entgegennahme und Exegese offizieller Dokumente.

Viele unter ihnen empfanden, wie sie mir später eingestanden, diese Rituale als lästige Pflicht. Dennoch bildeten sie einen wesentlichen Teil ihres gesellschaftlichen und politischen Selbstbewußtseins, sie waren daher mehr als eine leere Formalität.

Irgendwann ging mir auf, daß ich die Empfindlichkeit für den Reichtum der Wirklichkeit verloren hatte, daß ich weniger angetrieben wurde von Neugier und Lust an Erfahrung, als vom Wunsch, in China die Leibhaftigkeit meiner Wünsche und Abstraktionen wiederzufinden.

Am schwierigsten war zu akzeptieren, daß diese Erfahrung nur dann fruchtbar war, wenn sie meine Haltungen veränderte. Auch ich habe mir ein

Fahrrad gekauft und bin damit durch Peking gefahren. Anders als die Chinesen. Über den Lenker gekrümmt trat ich in die Pedale, daß mir der Schweiß ausbrach. Wie besessen davon, an ein Ziel zu gelangen, das es nicht gab, bemerkte ich kaum etwas von dem, was um mich herum geschah. Nicht die Spiele der Kinder, nicht die alten Frauen in der Sonne, kaum den Wechsel der Jahreszeiten. Als mir die Absurdität meines Verhaltens bewußt wurde, versuchte ich, mich dem Rhythmus der Chinesen anzupassen. Sofort fühlte ich mich frei und aufmerksam. Vergaß ich darauf zu achten, fiel ich sofort in die gewohnte Hektik zurück und fegte wieder angestrengt und blind durch die Straßen.

Ich hatte zu lernen, daß Instinkt und vor allem die Gefühle von Wärme und Zuneigung mir mehr Auskunft über das Land und seine Menschen geben konnten, als meine durch mühsame intellektuelle Arbeit erworbenen Begriffe und Vorurteile.

Um sie wiederzufinden, brauche ich nur den „Stern", den „Spiegel" oder die „Kommunistische Volkszeitung" aufzuschlagen. Wie vielfältig sie auch sein mögen, reaktionär oder fortschrittlich, dumm oder gescheit, gehässig oder begeistert, immer erscheinen sie mir heute wie Abziehbilder unserer h i e s i g e n Erfahrungen, Hoffnungen und Bitterkeiten. Die meisten Berichte über China leiden darunter, daß ihre Autoren mit dem Land umgehen, als sei es ihnen etwas schuldig. Und zwar nicht weniger, als die Antwort auf ihre respektiven westlich-kapitalistischen Ängste und Sehnsüchte.

So steht vor unserer Einsicht in die Wirklichkeit Chinas hierzulande das buntscheckige Gebäude einer chinesischen Überwirklichkeit, ein Gemisch aus „Land des Lächelns", „revolutionärer Morgenröte" und „blauen Ameisen". Die Macht dieser Überwirklichkeit erweist sich ironischerweise an einer Banalität, die mehr als irgendetwas der sinnlichen Überprüfung offensteht: Chinesen sind nicht gelb.

Die Auswahl der drei westlichen Chinabilder, die ich im Folgenden vorstelle, ist nicht zufällig. Ich finde in jedem von ihnen einen Teil meiner persönlichen und ideologischen Geschichte wieder. Auf die eine oder andere Weise gehörten sie zum geistigen Reisegepäck, das ich nach China mitnahm. Ich will sie nicht analysieren, ich will nur bewußt machen, daß sie Bilder im Sinne der Vorurteile sind, von denen ich gerade gesprochen habe.

Die „gelbe Gefahr"

„Sollte sich im Verlauf der kommenden 20 Jahre zeigen, daß die weißen Völker in der Organisation ihrer politischen und gesellschaftlichen Kräfte eine neue innere Stärke nicht zu gewinnen vermögen, sollten sie nicht zu einer eindeutigen politischen Solidarität gegenüber China und Asien finden können und zu einem gemeinsamen Ziel der totalen Verteidigung und der daraus erwachsenden moralischen Stärke, dann würden China und das von ihm geführte Asien, dies genau beobachtend und erkennend, nicht zögern, den Sieg mit brutaler kriegerischer Gewalt an sich zu reißen. Die weiße Menschheit fiele sicherlich nicht der physischen Vernichtung anheim, aber sie müßte weiterleben unter der totalen Herrschaft des asiatischen Kommunismus, unter der seelischen und geistigen Bedrückung durch die Fremdheit asiatischen Wesens, für eine lange geschichtliche Periode ohne Aussicht, sich davon befreien zu können." (1)

Ich bin in einer Zeit aufgewachsen, in der man uns lehrte, im Sozialismus nicht eine bestimmte Gesellschaftsordnung und eine bestimmte Weltanschauung zu sehen, sondern das Böse und Gefährliche schlechthin. Ich habe mich damals nicht viel mit China beschäftigt, aber die Geschichte über die Perfidie und Grausamkeit chinesischer Kommunisten, über ihre ausgefeilten Methoden der „Gehirnwäsche", müssen auf mein schauderndes Kindergemüt tiefen Eindruck gemacht haben. Ich habe sie bis heute nicht vergessen.

Es erscheint unnötig, an diese Vergangenheit zu erinnern. Kein Bundeskanzler würde sich heute die Chance einer Einladung nach Peking dadurch verscherzen, daß er den Untergang des Abendlandes durch die schlitzäugige Gefahr aus dem Osten beschwört. Und die Ängste des Kalten Krieges, in denen sich die Schuldgefühle unserer imperialistischen und faschistischen Vergangenheit wiederfinden, haben selbst in der „bürgerlichen" Presse einer faszinierten Neugierde Platz gemacht, in der sich Sehnsucht, politisches Kalkül und Geschäftsinteresse vereinen.

Haben wir dieses Erbe aus Antikommunismus und Rassismus wirklich so rundherum bewältigt, wie es den Anschein hat? Einer der deutschen Pressekorrespondenten in Peking hielt mir einen angesoffenen Abend lang Vorträge über die angeborene Grausamkeit der Chinesen. Es fällt uns leicht, das dumm oder empörend zu finden. Aber hat sich das herabwürdigende Bild der „blauen Ameisen" nicht in den allgemeinen Sprachgebrauch eingefressen? Warum habe ich in einem meiner ersten Briefe nach Hause geschrieben, daß die Chinesen keineswegs alle gleich angezogen sind, daß sie durchaus verschieden denken und reagieren? Muß man erst nach China fahren, um sich eine solche Banalität zu bestätigen? Wäre es der Wahrheit nicht nähergekommen, zu schreiben, daß die Chinesen zwar nicht alle in Blau, aber nach unseren Begriffen recht uniform gekleidet sind? Daß auffallende und abweichende Kleidung trotz der modischen Auflockerung nach dem Sturz der „Viererbande" verpönt ist und gesellschaftlich sanktioniert wird? Daß man mit einem Chinesen sehr vertraut sein muß, bevor man von ihm individuelle, von der offiziellen Linie und Moral abweichende Meinungen zu hören bekommt?

Ich war vermutlich lange Zeit von einer negativen Identifikation mit diesen feindseligen Klischees beherrscht, die meine Wahrnehmung beeinflußte. Ich vermute, daß viele meiner allzu rosig gefärbten Vorstellungen von der chinesischen Wirklichkeit einer Abwehr jener antikommunistischen Ängste i n m i r entsprangen, die man mir in meiner Jugend eingetrichtert hatte. Was für Propagandisten des Kalten Krieges die Hölle ist, muß schließlich nicht in Wirklichkeit ein Paradies sein.

„Ideologen" und „Pragmatiker"

„Dieses maoistische China kann man zwar beobachten und kommentieren, aber letzten Endes muß jeder für sich entscheiden, ob er an das Ideal und die Möglichkeit dieses neuen Menschen glaubt oder nicht. Wenn ja, wird er bereit sein, den auf dem Wege dahin zu entrichtenden Preis als berechtigt anzusehen; tut er es nicht – und ich neige zur Skepsis –, so wird ihm dieser als allzu hoch erscheinen, wird ihn das Beispiel im Fernen Osten schrecken..." (2)
„Zwiespältige Gefühle also: Respekt, doch auch Sorge und Unbehagen." (3)

Es ist nicht mehr das China der Finsternis, das uns heute aus den Massenmedien entgegenkommt. Die „bürgerliche" Chinaberichterstattung ist differenzierter geworden. Aber auch sie schafft sich ein China nach ihrem Bilde. „Respekt, doch auch Sorge und Unbehagen."

Respekt vor der Überwindung des Hungers, der nationalen und ökonomischen Aufbauleistung. Respekt vor allem, den man als kluger Mann einer zukünftigen Weltmacht entgegenbringt.

Wenn es damit sein Bewenden hätte, könnte man es ja verstehen, sogar billigen, wenn da nicht diese schreckliche „Ideologie" wäre, dieser Irrationalismus, dieses „Ideal vom neuen Menschen", man weiß ja, wohin das führt.

So teilt sich China vor dem scharfen Auge des Betrachters in Vernunft und Unvernunft, die Chinesen, vor allem ihre Führer, zerfallen in „Pragmatiker" und „Ideologen." Der fatale Zwiespalt zwischen „pragmatischem" Rationalismus und „ideologischem" Irrationalismus ist der Dreh- und Angelpunkt „bürgerlicher" Chinabetrachtung.

„Der Praktiker (Liu Shaoqi) ... empfand wohl die moralisierenden Verlautbarungen des großen Sehers (Mao Zedong) schon lange als lästig, und der Seher ertrug es nicht, daß die große, die herrliche Revolution zwischen Millionen Egoismen versickerte. Es kam zum Kampf, zum Bruch. Der Seher hat - zunächst - gesiegt." (4) So war das nämlich mit der Kulturrevolution.

Und jedesmal wieder stellt sich die bange Frage, wer in diesem Kampf zwischen pragmatischem Realismus und ideologischer Vision obsiegt. Seit dem Sturz der „Viererbande" durchzieht die westliche Chinaberichterstattung ein Gefühl der Erleichterung und Befriedigung darüber, daß die chinesische Politik nun offenbar „zur Vernunft" gekommen ist, sich in unsere Logik der „Zwangsläufigkeiten" politischer und ökonomischer Entwicklung geschickt hat. Doch meine ich oft, dahinter eine zynisch gewordene Trauer über die wieder einmal zu Tage getretene Unmöglichkeit der eigenen verdrängten gesellschaftlichen Wünsche und Utopien zu spüren. Die Nachrichten über das Auftauchen von Dauerwellen und Coca-Cola in China illustrieren auch den scheinbaren Triumph unserer westlich-kapitalistischen Resignation über die gefährlichen Träume einer neuen, menschlicheren Gesellschaft.

Hinter der Befriedigung steckt nicht zuletzt die Spekulation, mit den „Pragmatikern" leichter ins Geschäft zu kommen, aber mehr noch die Vorstellung, das China der „pragmatischen Linie" sei kalkulierbar, begreifbar in den Kategorien und Normen unserer Erfahrung. Doch verbindet sich die Freude über die vermeintliche Einsicht der gegenwärtigen chinesischen Führung in die „Zwänge technologischer Entwicklung" und die „Beschränktheit der menschlichen Natur" mit Gefühlen von Angst und Mißtrauen. Dicht unter der Oberfläche des scheinbaren Einverständnisses kommt der alte Adam des Antikommunismus wieder zum Vorschein. Die „blauen Ameisen" und die „gelbe Gefahr" sind keineswegs vergessen. Noch einmal Klaus Mehnert:

„Es gibt in der Geschichte noch keine riesigere Maschine, als ein Volk von dreiviertel Milliarden Menschen und es könnte sein, daß dort das Bewußtsein, ein Schräubchen in dieser imponierenden Maschine zu sein, ein Glücksgefühl auslöst, demgegenüber alles übrige an Bedeutung verliert. ... Freilich nur für den, der einSchräubchen sein will." (5)

Eine derart riesige und anspruchslose Maschine ist gefährlich, denn schaudernd bemerkt der Betrachter: *„Es gibt ... dreiviertel Milliarden Chinesen, die gerade erst ihre Ärmel aufgekrempelt haben. Wenn wir nicht alles tun, um in der Spitzengruppe der geistigen und technischen Entwicklung mitzuhalten, werden sie mit ihren Waren die Welt überschwemmen, wird Europa ein Anhängsel Asiens werden."* (6)

Die Erkenntnis ist zeitgemäß. Der moderne Imperialismus hat uns gelehrt, daß Petroleumlampen wirksamere Mittel der Ausbeutung und Eroberung sind, als Kanonenboote. Es ist daher nur konsequent, daß Herr Mehnert die gelben Transistorradios mehr fürchtet, als die gelben Horden.

Der revolutionäre Phönix

„Während im sozialistischen China jede Maschine, jede technische Neuerung der Erleichterung der Arbeit und zum Nutzen der ganzen Gesellschaft dienen, wirkt sich unter den Gesetzmäßigkeiten des Kapitalismus jede Maschine, jede Rationalisierung auf Kosten und gegen die Arbeiter aus. .... Das Buch zeigt in allen Kapiteln, daß im sozialistischen China unter der Diktatur des Proletariats die Ausbeutung des Menschen durch den Menschen beseitigt wurde, zeigt uns in einer Situation der Arbeitslosigkeit, Unsicherheit, der zugespitzten Krise und Kriegsgefahr, daß auch in unserem Lande der Sozialismus auf die Tagesordnung gesetzt werden muß." (7)

Was haben wir „maoistischen" Linken dem „bürgerlichen" Chinabild entgegenzusetzen? Zunächst einmal das Gegenteil, versteht sich. Was dann heißt: „Massenlinie" und proletarische Demokratie, chinesische Medizin und das Erdölfeld Daqing. Und auch das gibt ein Bild nach unserem Bilde.

Schon seine Unerschütterlichkeit sollte mißtrauisch machen. Lin Biao, der von Mao erwählte Nachfolger – Lin Biao, der Verräter und Mordbube.

Deng Xiaoping, der Erzrevisionist – Deng Xiaoping, der legitime Vertreter der „Mao Zedong-Ideen". Jiang Qing, die Repräsentantin linker, kulturrevolutionärer Politik – Jiang Qing, die bürgerliche Karrieristin.

Mit der gleichen ideologischen Festigkeit, mit der sie vor kurzem die Befürwortung von materiellen Anreizen und die Profitorientierung als Verrat am Sozialismus diagnostizierten, brandmarken unsere „Chinafreunde" heute all jene als Verräter, die materielle Anreize und Profitorientierung bekämpft haben.

Jedesmal wieder: Nach einem verdutzten Augenreiben begreifen unsere „Maoisten", wie falsch sie bisher gelegen haben und verkünden eilends wieder die neuesten Wahrheiten als die ewigen. Und wie der Phönix aus der Asche entsteigt jedem „Linienkampf" aufs neue der wahre und reine Sozialismus.

Aber wieviel Anteil an diesen Kämpfen mögen die „Massen" gehabt haben, wenn die ausländischen Diplomaten in Peking über den Sturz Deng Xiaopings oder der „Viererbande" Tage eher informiert waren, als unsere Kommilitonen, ehrbare Parteimitglieder? Wieviel Vertrauen in den chinesischen Sozialismus können wir uns noch erlauben, wenn uns heute gesagt wird, daß wir durch die chinesische Presse in den letzten Jahren systematisch belogen und in die Irre geführt worden sind? Welchen Erkenntniswert haben die euphorischen Berichte von Besichtigungstouren und Studienaufenthalten, wenn ihr Realitätsgehalt wenig später von den Chinesen selbst in Frage gestellt wird?

Erstaunlich ist nicht, daß solche Fragen unsere „Maoisten" in Verlegenheit bringen. Erstaunlich vielmehr ist, daß sie durch nichts in Verlegenheit zu bringen sind. Zwei Zauberworte bewahren sie davor: „Klassenkampf" und „Rückständigkeit". Es sind die magischen Flügel, mit deren Hilfe sie sanft über alle Abgründe von Zweifeln und Widersprüchen hinwegschweben und regelmäßig dort landen, wo sie auch aufgestiegen sind – im Land ihrer Träume.

Oh ja, Fragen dürfen schon gestellt werden, aber am besten so, daß sie die jeweils „korrekten" Antworten schon in sich enthalten. Wer sich mit dem zügigen Hinweis auf das „Fortdauern des Klassenkampfes" und die „ökonomische Rückständigkeit" nicht zufrieden geben will, gerät leicht in den Geruch der „Chinafeindlichkeit".

Die zynische Blindheit eines großen Teils der „bürgerlichen" Chinaberichterstattung und die idealistische Torheit „maoistischer" Chinafreunde mögen sich noch so feindlich gegenüberstehen; in Wirklichkeit sind sie Zwillinge. Für beide dividiert sich die chinesische Wirklichkeit in gut und böse. Allein die Interessen und damit die Standpunkte wechseln und jeder pickt sich so heraus, was er für sich brauchen kann.

Für die einen war die Kulturrevolution nur ein Spiel um die Macht, ein zynischer Poker mit dem Einsatz einer betrogenen und manipulierten Bevölkerung, für die anderen die spontane und heroische Erhebung politisch bewußter „Massen" unter der Führung des großen Mao Zedong gegen eine „revisionistische" Parteibürokratie.

Warum ist es so schwer zu begreifen, daß das komplizierte Wechselreagieren von Führung und Volk, von Parteiintrigen und Massenbewegung, von Betrug und Heroismus, die Kulturrevolution vorangetrieben hat, wie jede historische Bewegung. Das Volk ist die Triebkraft der Geschichte, sagt Mao Zedong. Aber auch im sozialistischen China nimmt die Geschichte ihren Weg durch die Hinterzimmer der Mächtigen. Mao Zedong hat nicht nur mobilisiert, er hat manipuliert, intrigiert und manövriert, wie seine Gegner auch. Die jungen Rotgardisten, die er 1966 rief und 1968 auseinanderjagen ließ, um das Land vor dem Zusammenbruch zu retten, hatten subjektiv allen Grund, sich betrogen und mißbraucht zu fühlen. Einer von ihnen war mein stiller und herzlicher Freund – nennen wir ihn Li. Als Chef einer Fraktion von Rotgardisten war er fast über Nacht zum „Herrscher" seiner Heimatstadt geworden, war durchs Land vagiert wie Millionen seiner Altersgenossen, unruhig und neugierig, hatte mit 15 Jahren geführt und getötet, um schließlich als „gebildeter Jugendlicher" in ein entlegenes Dorf der Provinz Shandong verschickt zu werden. Aber er war ein anderer geworden durch die „Revolution", war mehr gewesen und hatte mehr in Bewegung gesetzt, als eine Schachfigur im Kalkül gewitzter und skrupelloser Parteiführer. Und auch das ist Mao Zedong gewesen, der diese Veränderung wollte und guthieß und den wir daher mit Recht bewundern und verehren.

Die Konfrontation mit dem realen China hat mich also gelehrt, mißtrauisch gegenüber meiner Fähigkeit zu sein, eine komplexe und sich verändernde Wirklichkeit richtig zu erfassen und darzustellen. Ich biete auch im folgenden kein neues und „richtiges" Bild von China, nicht einmal ein „Quintessenz" meiner Erfahrungen eines zweijährigen Aufenthaltes. Und selbstverständlich bin ich parteilich. Mehr als irgend ein Land auf der Welt zwingt China zur Parteinahme. Parteilichkeit steht der Wahrhaftigkeit nicht im Wege, solange sie von jener Neugierde begleitet ist, die uns genau hinsehen läßt und uns immer wieder über einmal gefaßte Vorstellungen und Urteile hinausführt.

Was ich anbiete, ist der Ausdruck einer Haltung, die mich bisher nicht vor Irrtümern, aber vor Resignation und allzu vielen Illusionen bewahrt hat: parteiliche Neugierde. Ich glaube, daß wir nur damit mehr entdecken können, als ein China der Ängste und Träume *in uns*.

2. Drinnen vor der Tür

Innen und Außen

Leicht ist das nicht, und es wird einem nicht leicht gemacht, Eine der ersten Erfahrungen, die jeder Chinareisende macht: Das Land sperrt sich, sperrt uns aus. Wer durch China reist, besichtigt keineswegs nur die modernsten Fabriken, die besten Krankenhäuser, die fortgeschrittensten Volkskommunen. Was man gezeigt bekommt, ist nicht die Schokoladenseite, aber es ist die Außenseite der Wirklichkeit.

Wenn man durch Peking spaziert, stößt man überall auf hohe Stapel von Backsteinen neben den Gehwegen. Sie dienen unter anderem dazu, Häuser zu bauen. Vor allem aber Mauern um die Häuser, hohe unüberschaubare Mauern. Was sie einschließen, ist eine „Einheit", eine Fabrik, eine Schule, ein Wohnviertel. Den unbefugten Betrachter schließen sie aus, Besucher müssen sich gewöhnlich beim Pförtner anmelden.

Im Februar 1976 besuchte ich eine Seidenfabrik in Hangzhou, in der es nach in Peking umlaufenden Gerüchten kurz zuvor zu schweren Auseinandersetzungen und Streiks gekommen war. Beim Rundgang durch die Hallen sah alles friedlich und geschäftig aus, die üblichen Wandzeitungen, nichts besonderes. Antwort der Fabrikleitung auf unsere Fragen: Man wisse nicht, wovon wir redeten. Im übrigen gäbe es überall noch Klassenkampf, auch hier im Betrieb.

Ich habe diese Fabrik im Sommer 1977 wieder besichtigt, nach dem Sturz der „Viererbande". Ich wußte inzwischen aus Zeitungsveröffentlichungen, daß einer ihrer prominentesten Vertreter in dieser Fabrik gearbeitet und agitiert hatte. Es hatte Unruhen, Schlägereien und Produktionsausfälle gegeben. Man erzählte uns von Folterungen. Auf Anweisungen Ye Jianyings war dieser Mann im Winter 1975 eingesperrt worden. In der Fabrik war alles so ruhig wie beim ersten Mal, nur die Wandzeitungen und Parolen hatten gewechselt. Ich fragte einen der uns begleitenden Kader, warum man uns im Vorjahr nicht die Wahrheit gesagt habe. Er sah mich erstaunt an: „Wie hätten wir das tun können?" Über interne Konflikte spricht man erst, wenn sie gelöst sind.

Nach dem Sturz der „Viererbande" erfuhren wir, daß in den entlegenen Berggebieten im Süden der Provinz Zhejiang die wirtschaftliche Situation in den Jahren 74/75 derart kritisch war, daß die Bauern wie vor 50 Jahren ihre Kinder zum Verkauf anboten, um nicht zu hungern. Ich war zur gleichen Zeit im Norden der Provinz gewesen, ohne auch nur das Geringste davon zu bemerken.

Ganz China teilt sich in ein tausendfaches Innen und Außen. Jeder Chinese ist eingeschlossen im Kreis seiner „Einheit" und zugleich ausgeschlossen von dem der anderen „Einheiten" und dem der jeweils höheren Instanzen und Gremien. Es gibt ein Wort dafür: „nei bu". Übersetzt soviel wie „intern", „vertraulich". Es markiert die Grenze, die ein Außenstehender nicht zu überschreiten befugt ist.

„Nei bu" sind für die Ausländer weite Teile Chinas, aber auch z.B. Provinzzeitungen, Schulbücher, Dokumente und Direktiven der Parteiführung, soweit sie nicht in den offiziellen Publikationsorganen der Partei, der „Volkszeitung" und der „Roten Fahne" abgedruckt werden. In jeder Stadt gibt es zwei Arten von Buchläden: gewöhnliche, zu denen jedermann Zutritt hat und solche, die Kadern und Experten vorbehalten, „nei bu" sind.

Die großen Tageszeitungen und Radiostationen sind nicht die einzigen Informationsquellen interessierter Chinesen. Wichtiger als die offiziellen Publikationsorgane sind die kleinformatigen, gehefteten Blättchen der „cankao xiaoxi", der „Nachrichtenmaterialien zum Nachschlagen". Sie enthalten eine Fülle von nationalen und internationalen Informationen, die in den Massenmedien nie auftauchen. Auch sie sind „intern" und zwar in unterschiedlichem Ausmaß. Es gibt sie in acht Ausgaben, je nach dem Grad der Vertraulichkeit des Inhalts stehen sie dem kleinen Mann, den einfachen Parteimitgliedern, den unteren, mittleren und höheren Kadern zur Verfügung. Sie an Ausländer weiterzugeben, ist in jedem Fall verboten.

Die Grenze zwischen „innen" und „außen" ist oft genug unbegreiflich. Warum war ein Buch mit Zeichnungen von Trachten nationaler Minderheiten, das ich dank der Unaufmerksamkeit eines Verkäufers erwerben konnte, „nei bu"? Kein Chinese konnte es mir erklären.

Intern, etwa innerhalb des Politbüros oder eines Parteikomitees, mögen hitzige und kontroverse Debatten geführt werden, bleiben Entscheidungen umstritten. Aber der politische Entscheidungsprozeß hat immer zwei Schauplätze, einen „inneren" und einen „äußeren". Immer verlangt er als Komplement die öffentliche „Diskussion", d.h. die Erläuterung und einmütige Unterstützung jeweils getroffener Entscheidungen. Die seit dem Sturz der „Viererbande" in Gang gekommene Demokratisierung der öffentlichen Meinung hat dies Schema wesentlich modifiziert, nicht aber grundsätzlich verändert. Ohne die gerade beschriebene Trennung von „innen" und „außen" aufzugeben, hat sie ihr ein neues Element hinzugefügt: eine öffentliche, kontrovers geführte Diskussion, freilich nur über Fragen, in denen die Partei noch keine definitiven Beschlüsse getroffen hat.

Die Trennungslinie zwischen „innen" und „außen" ist variabel. Sie kann die Grenze zwischen Ausländern und Chinesen sein, zwischen Partei und Nichtparteimitgliedern, zwischen Parteiführung und Parteibasis. Sie kann an den Mauern beginnen, die eine Einheit umgeben, oder an der Tür des Sitzungszimmers, hinter der das Parteikomitee dieser „Einheit" tagt. Vorhanden ist sie immer, und wir Ausländer bewegen uns gewöhnlich am äußersten Rand der Erscheinungen und Geschehnisse, an der Außenseite. Häufig ist diese Trennungslinie eine Funktion zeitlicher Entwicklung. Ende 1978 begannen chinesische Studenten in Gesprächen mit ihren ausländischen Kommilitonen auffallend oft Betrachtungen darüber anzustellen, daß Chinesen zuviel Zeit auf das Essen verschwenden und sie nach ihrer Ansicht über

Fertigmahlzeiten zu befragen, die es in China nicht gibt und die allen Prinzipien chinesischer Kochkunst zuwiderlaufen. Einige Wochen später wurde die Entscheidung der Parteiführung, die Essensgewohnheiten der chinesischen Bevölkerung langfristig zu ändern und eine Industrie für Fertigkost aufzubauen, auch in den offiziellen Parteiorganen verkündet und damit zum Gegenstand einer öffentlichen „Diskussion" im oben beschriebenen Sinne.

In der Regel verbergen sich keine Staatsgeheimnisse hinter den unsichtbaren off-limits Schildern. Es handelt sich vielmehr um ein Kontroll- und Regulationsprinzip der chinesischen Gesellschaft.

Der unkontrollierte Kontakt mit Ausländern war bis vor kurzem verboten. Wir haben nie herausfinden können, ob dieses Verbot irgendwo gesetzlich fixiert war, und es wurde unterschiedlich rigide gehandhabt. Im allgemeinen hielt sich jedermann daran.

Zu Beginn meines Aufenthaltes fuhr ich mit einem Freund auf die unserem Institut benachbarten Felder und half den Bauern bei der Maisernte. Blaue, warme Herbstnachmittage, wir saßen mit den Bauern auf dem Dreschplatz, neugierige Fragen, viel Gelächter, fast ein Gefühl von Vertrautheit. Wie zufällig kam der Brigadeleiter hinzu, übernahm das Wort, aber es blieb fröhlich. Das zweite Mal verlief ähnlich. Beim dritten Mal war die Atmosphäre verändert. Nicht unfreundlich, eher eine bewußte Höflichkeit. Ob wir sie störten, fragten wir. Nein, überhaupt nicht, aber wir hätten doch sicher viel zu tun, die Kommuneleitung habe bei unserer „Einheit" angerufen, unser Arbeitspensum sei groß, wir dürften die Bücher nicht vergessen. Wir waren schon lange genug im Lande, um zu verstehen, wie das gemeint war und sind nicht wiedergekommen.

Wir waren erbittert und noch heute steigt die Wut in mir hoch, wenn ich an die zahllosen, als Fürsorge getarnten Schranken denke, die uns überall den Weg in die chinesische Wirklichkeit versperrten.

Die Schranke der Fremdheit

Aber mit der Zeit begriff ich, daß die Sache nicht so einfach war. Sicher, wir hatten unbefugt die Grenze zwischen „innen" und „außen" überschritten. Aber wir hatten zugleich die Bauern bei der Arbeit gestört, während wir meinten, ihnen zu helfen. Es ging nicht an, daß wir Ausländer auf dem blanken Boden saßen, also mußten Stühle her. Es ging nicht an, daß die „Gäste" heißes Wasser tranken, man mußte Tee besorgen. Natürlich mußte der Brigadeleiter anwesend sein, Kontrolle das auch, aber ebenso ein Akt der Höflichkeit. Maisschälen gehörte kaum zu seinen beruflichen Verpflichtungen, wir hielten ihn also einen Nachmittag lang von seiner Arbeit ab.

Bei der Vorbereitung zur Teilnahme an körperlicher Arbeit auf dem Lande, die bis vor kurzem noch obligater Bestandteil des Studiums in China war, baten wir unsere Betreuer, dafür zu sorgen, daß sich die Bauern, bei denen wir wohnen sollten, nicht restlos für Essen und Trinken verausgabten. Sie übermittelten unser Anliegen der Brigadeleitung; die veranstaltete eine Versammlung und erklärte den Bauern, die Ankömmlinge seien sowieso zur Hälfte Chinesen, aber auch die Ausländer seien das chinesische Leben gewöhnt, wären mit Maisbrei und Gemüse zufrieden. Die Bauern weigerten sich, unser Anliegen überhaupt zu diskutieren. Einmal im Jahr und von so weit her kommen sie, man müßte sich ja schämen. So wurde jedes Mittagessen zum Festgelage.

Das ist liebenswert und auch verständlich. Aber zugleich setzt es Schranken auch dort, wo sie nicht verfügbar sind. Die eigentliche Schwierigkeit, Zugang zur chinesischen Wirklichkeit zu finden, liegt darin: Jeder Kontakt macht zunächst einmal das Anderssein, das Fremdsein spürbar.

Es handelt sich um eine ebenso banale wie bedrohliche Erfahrung: Das Gefühl, nie unerkannt zu bleiben, sich nie als einer unter vielen in der Menschenmasse der Einkaufsstraßen Pekings treiben lassen zu können. Die kurze, manchmal fast unmerkliche Panik in den Gesichtern chinesischer Passanten, wenn ich sie unvermittelt nach dem Weg fragte. Der Kampf um die Verweigerung des lautstark von der Schaffnerin im überfüllten Bus geräumten Sitzplatzes für den ausländischen „Gast". Das selbstverständliche, beinahe indifferente Zurückweichen der Menschenschlange vor dem Obststand, wenn ich Anstalten machte, mich in sie einzureihen – Rituale der Fremdheit.

Es wird niemanden erstaunen, daß für mich zu Beginn meines Aufenthaltes unsere chinesichen Kommilitonen alle ungefähr gleich aussahen, und ich Schwierigkeiten hatte, den Genossen Wang vom Genossen Li zu unterscheiden. Wer denkt hier daran, daß es den Chinesen mit uns Europäern nicht anders geht? „Immer verwechsle ich Willi und Florian", sagte mir ein erst kürzlich eingetroffener Kommilitone beim gemeinsamen Mittagessen. „Aber", protestierte ich, „das ist doch ganz unmöglich. Willi ist blond, klein und dick, Florian dunkel, groß und schlank." „Das mag schon sein", erhielt ich zur Antwort, „aber sie haben beide einen Bart."

Bei einem Besuch in Datong, einer berühmten alten Stadt, 400 km westlich von Peking, beharrten wir gegen den Widerstand des örtlichen Reisebürovertreters auf einem Spaziergang durch die Straßen. Binnen weniger Minuten brach der Verkehr zusammen. Es waren Tausende, die uns folgten, Kinder vor allem, aber auch Jugendliche und Erwachsene. Stets in respektvollem Abstand, mit freundlicher, beharrlicher Neugierde. Drehten wir uns um, stoben sie auseinander wie ein Schwarm Fledermäuse, um sich sofort wieder zu sammeln. Ein Erlebnis, das sich außerhalb der großen Metropolen überall wie-

derholte.

Es sind dies Oberflächenphänomene einer tieferreichenden Fremdheit, die fundamentalere Schranken setzt, als offizielle Verbote es tun könnten. Sie ist wechselseitig. In den blanken, ein wenig mißtrauischen Augen der Kinder von Datong spiegelt sich auch unsere eigene Befremdung und Ratlosigkeit. So wenig wir die Regeln der Höflichkeit begriffen, die bewirkten, daß wir den Bauern zur Last fielen, so sehr waren unsere chinesischen Bekannten zunächst schockiert über unsere vermeintliche oder tatsächliche Brutalität im Umgang untereinander oder mit ihnen.

Einer Arbeiterin in einer chinesischen Textilfabrik, der ich auf Anfrage über die Existenz von Kranken-, Sozial- und Arbeitslosenversicherung berichtete, die von mir hörte, daß Auto und Fernseher zur Ausstattung einer durchschnittlichen westdeutschen Arbeiterfamilie gehören, riß ihre Augen weit auf und fragte mich fassungslos: „Ja, warum streiken dann die Arbeiter bei euch überhaupt noch?"

Zu Beginn unserer Bekanntschaft schenkte mir mein Zimmerkollege xiao (klein) Du einen Aschenbecher, den er selbst aus einer von mir weggeworfenen Konservendose gefertigt hatte. Ich freute mich über das Geschenk, mehr noch über die Geste, ohne viel darüber nachzudenken. Erst sehr viel später, als wir unsere wechselseitigen Gewohnheiten besser kannten, vertraute er mir an, daß sein Geschenk den Zweck gehabt hatte, sein Unverständnis und seinen Unwillen über die Achtlosigkeit auszudrücken, mit der ich seiner Meinung nach brauchbare und wertvolle Gegenstände einfach in den Papierkorb warf. „Aber", so fügte er resigniert hinzu, „das hast du nicht verstanden."

Die fast unerträglichen Ekelgefühle, die es mir lange Zeit verursachte, wenn Xiao Du, ungeniert wie alle Chinesen, auf den Zimmerboden spuckte, waren nicht, wie ich mir anfangs einreden wollte, das Resultat hygienischer Bedenken, sondern das meiner „guten Kinderstube". Erst als ich diesen Ekel abgebaut hatte, kam ich auf die naheliegende Idee, das Problem mit Hilfe eines Spucknapfes zu lösen.

Ein chinesischer Freund, der einige Tage in Ungarn gewesen war, fragte mich irritiert, warum Europäer Hunde an Schnüren mit sich herumführten.

Das sind kleine Beispiele der Erfahrung von cultural incompabitility, des kulturellen Andersseins. An ihr muß unser Chinaverständnis ansetzen. Dazu ist es notwendig, zu den Fundamenten der Wirklichkeit zurückzukehren. Ich meine jene grundlegenden Gemeinsamkeiten, die wir gemeinhin unbedacht voraussetzen, wenn wir uns untereinander verständigen: Gemeinsame Sprache, Geschichte, natürliche Umgebung und der gemeinsame soziale und ökonomische Rahmen einer Gesellschaft. Sie schaffen den Raum der Traditionen, Gewohnheiten und Ansichten, in dem man sich auskennt. Es ist für uns nicht notwendig, sich ständig bewußt zu machen, daß wir in einer Industriegesellschaft leben, Auto fahren und Schweinefleisch essen. Wir reden nicht darüber, d a ß wir in Urlaub fahren, sondern w o h i n .

Schwieriger wird es, wenn wir diesen Raum der Vertrautheit verlassen. Wenn wir gesellschaftliche Räume betreten, die von den unseren so verschieden sind, daß selbst Vergleiche fragwürdig werden. Auch in dieser Hinsicht ist China weit weg.

Selbst die Begriffe müssen überprüft werden. „Was wir hier brauchen in China, ist nicht Freiheit, sondern Disziplin!" sagte mir aufgebracht ein junger chinesischer Intellektueller während einer Diskussion. Auch wenn ich nicht damit einverstanden bin, muß ich wissen, daß das Wort „Freiheit" für ihn nicht dieselbe uneingeschränkt positive Bedeutung hat, wie für uns. Immer schwingt die Vorstellung von „Anarchie", „Willkür", „Chaos" darin mit, einer der Gründe, warum es im Gegensatz zum Wort „Demokratie", auch in der gegenwärtigen politischen Phraseologie kaum verwendet wird. „Bei euch herrscht eben ‚ge ren zi you' – individuelle Freiheit", sagt ein Chinese und meint das keineswegs positiv, selbst wenn er der Ansicht ist, in China solle es mehr davon geben.

Auch das Fremdsein wird zur Gewohnheit. Ich hörte auf, den neugierigen Blicken meiner Mitpassagiere im Bus Beachtung zu schenken, ich gewöhnte mich an die Eigenheiten meiner chinesischen Freunde, wie sie sich an die meinen. Aber noch im vertrautesten Umgang blieb ein wechselseitiges Staunen, die immer wiederholte Erfahrung des Andersseins. Ich halte nichts davon, sie als Ausdruck der „unergründlichen chinesischen Seele" zu mystifizieren. Für Chinesen sind wir Europäer nicht weniger rätselhaft, als umgekehrt. Diese Fremdheit ist erklärbar, soweit unsere Bereitschaft und unsere Fähigkeit reicht, das Land und seine Menschen wahrzunehmen, zu erfragen, zu erfühlen und zu lieben.

Ich will im Folgenden einige Bruckstücke aus dem Fundament der chinesischen Wirklichkeit herausgreifen: Natur, Geschichte und „Unterentwicklung". Ich verzichte auf alle scheinbar logischen Zusammenhänge. Es sind Bruchstücke, in sich und als Ganzes. Es sind Trümmer, auf die ich bei meiner Suche nach der Wirklichkeit Chinas gestoßen bin und an denen ich mich gestoßen habe. Ich weiß wohl, daß Wirklichkeit eine Bewegung ist, kein Zustand. Die Gesamtheit dieser Bewegung nennen die Chinesen *sozialistisches Entwicklungsland*.

3. Bruchstücke der Wirklichkeit

Natur und Mensch

Die Dimensionen

E r f a h r u n g d e r G r ö ß e d e s R a u m e s : Ich wußte, daß China ein großes Land ist. Aber erst während der Fahrten durchs Land mit der Eisenbahn wurde „Größe" für mich aus einer statistischen Zahl zu einer sinnlichen Raumerfahrung. Wenn man durch Deutschland fährt, ändert die Landschaft sich fast stündlich. Und wo nicht die Natur, hat der Mensch für ständig wechselnde Reize gesorgt. Nichts hier ist vergleichbar mit dem Erlebnis einer Fahrt über die Nordchinesische Ebene oder die Mongolische Steppe, bebaut bis zum letzten Quadratmeter die eine, menschenleer bis zum Horizont die andere. Man fährt Stunden um Stunden und meint, sich nicht von der Stelle zu bewegen.

E r f a h r u n g d e r M a s s e . Das von Menschen überbrodelnde Shanghai, jeder Schritt ein Ausweichen und Sichdurchdrängeln. Lauter und bewegter als irgendeine unserer Großstädte. Aber es ist vor allem Lärm von Menschen, Bewegung von Menschen, nicht von Maschinen. Warten: die langen Schlangen dichtgedrängter Leute an den Bushaltestellen Pekings, die lachend und fluchend um einen Platz in den überfüllten Fahrzeugen kämpfen. Ankunft auf dem Lande: die Wogen von Kindern, die uns aus allen Ecken entgegensprudeln, Hunderte, die neugierig und ängstlich unserem Spaziergang folgen, eben noch schien das Dorf so klein und fast verlassen. Einkauf: Vor den Läden im Morgengrauen Berge, Gebirge von Kohl und Spinat, leergefegte Holztische um 5 Uhr nachmittags.

E r f a h r u n g d e r G e g e n s ä t z e : Mit dem Flugzeug von Xian nach Yenan, innerhalb der Provinz Shenxi. Die Ebene um die Millionenstadt Xian, Dorf an Dorf gereiht, das Land von Menschen geschaffene Geometrie soweit das Auge reicht, monoton gegliedert in Rechtecke durch Straßen, Kanäle und Stromleitungen. Kein Feldrain unbebaut, jeder Baum mit Überlegung gepflanzt als Obstlieferant oder Windschutz.

Eine Stunde später über dem Bergland von Nordshenxi. Graubraune Lößberge, die Kuppen nackt wie Tonsuren, leergefegt von der Gewalt des Herbstregens. An den Hängen schütterer Wald oder nur Gestrüpp, trocken und filzig, ausgewaschene Flußläufe ohne Wasser, hie und da Höhlendörfer, mühsame Äcker, sonst menschenleer. Ein paar neuangelegte Staubecken, wie Pfützen in der riesigen Ödnis. Ein Gebiet so groß wie die Schweiz.

Der Gegensatz innerhalb einer Provinz erweitert sich ins Extrem innerhalb des Landes. Das reiche, dichtbesiedelte Gebiet am Unterlauf des Yangtze, entwickelt schon fast nach europäischen Maßstäben, und die Provinz Qing hai, so groß wie Frankreich, aber nur 2 Millionen Einwohner, Salzwüste und Urwald, kaum erschlossen.

Das sind sicher sehr eindrucksvolle Erfahrungen, mag man einwenden, aber was tragen sie zu unserem Verständnis Chinas und der Chinesen bei?

Es ist nicht belanglos, in welchen von der Natur geschaffenen Dimensionen man gewohnt ist sich zu bewegen und zu denken. Es ist nicht gleichgültig, wie groß der Raum ist, der politisch und verkehrsmäßig erschlossen und durchdrungen werden muß. Könnte ein Geografiebuch Deutschlands mit der Beschreibung einer analogen Erfahrung beginnen: *„Genosse, viel-*

leicht bist du ein Hirte in der mongolischen Hochebene. Wenn du da peitschenknallend herumreitest, um dich herum bis zum Horizont die endlose Grassteppe, dann magst du beim Viehtreiben über die Weite der Weiden deiner Kommune jubeln. Und dennoch sind sie nur ein winziger Punkt auf der Landkarte unseres Vaterlandes." (8)

Unterschiedliches Klima und unterschiedliche Geografie schaffen unterschiedliche Lebensräume und damit unterschiedliche Lebensgewohnheiten und Lebenserfahrungen. Schon bei uns gibt es die Differenz von Bayern und Preußen. Wieviel aber haben ein norwegischer Fischer und ein sizilianischer Weinbauer gemeinsam? Und erst damit bewegen wir uns in chinesischen Dimensionen.

Das Leben im sibirischen Klima der mandschurischen Steppe, im baumlosen tibetischen Hochland, im tropischen Grün der Insel Hainan, wieviele aus den natürlichen Lebensbedingungen selbst entspringende Gemeinsamkeiten gibt es da noch?

Und wir vergessen oft, daß auch in China diese Verschiedenheit nicht überbrückt wird durch das Band rassischer, sprachlicher und historischer Identität. Welche Vorstellungen hatte wohl noch vor wenigen Jahren ein muselmanischer Uighure, als Nomade in Jurten hausend, vom Leben eines Reisbauern des Hanvolkes im Yangtzedelta, und dieser wiederum vom Leben eines Hani in den Regenwäldern der Provinz Yunnan, der sich stammesgeschichtlich noch auf der Stufe der Jäger- und Sammlergesellschaft befand. Obwohl beide zum Hanvolk gehören, konnten sich bis vor kurzem ein Chinese aus Shanghai und ein Chinese aus Kanton nur mit Hilfe der gemeinsamen Schrift verständigen, miteinander sprechen konnten sie nicht.

Der verkehrsmäßigen Überbrückung dieser verschiedenen Lebensräume stehen nicht nur die großen Entfernungen im Wege, sondern auch eine Natur, so extrem und feindselig, daß wir als Europäer uns keinen Begriff davon machen können. Die einzige Landverbindung zwischen Tibet und dem chinesischen Kernland besteht aus zwei halsbrecherischen Pisten, mit einem Höhenunterschied von mehreren tausend Metern. 14 Tage brauchen die Lastwagenkolonnen von Cheng du in Sichuan nach Lhasa. Von Oktober bis März ist jeder Verkehr zu Lande unmöglich.

Den Stolz der Chinesen auf die große Yangtze-Brücke bei Nanking kann man erst richtig verstehen, wenn man von ihr auf die Wassermassen des Stromes blickt, die den Rhein zu einem Rinnsal degradieren.

Eisenbahn und Flugzeug dienen daher in China immer noch dem Transport des Notwendigsten, und noch immer sind fast 20% der Volkskommunen nicht an das ordentliche Straßennetz angeschlossen. Die Selbstverständlichkeit, mit der wir dank eines vollentwickelten Transport- und Kommunikationswesens unsere Umgebung zu wechseln gewohnt sind, diesen Wechsel in Form von Urlaubsreisen sogar institutionalisiert haben, ist den Chinesen fremd. Die wenigsten von ihnen haben genaue Vorstellungen vom Leben und Treiben in anderen Regionen des Riesenlandes. Natürlich haben Zeitung, Radio und Fernsehen die Enge des Dorfhorizontes gelockert, aber die persönliche Bekanntschaft mit dem eigenen fremden Land ist noch immer selten. Ich habe während meiner Fahrten durch China sicher mehr vom Land gesehen, als die meisten Chinesen. Immer wieder habe ich erlebt, daß mich Chinesen mit der gleichen gespannten Neugierde über meine Reisen im Lande ausgefragt haben, wie über das Leben in Europa.

Kann man sich vorstellen, daß sich diese von der Natur und Geschichte geschaffenen Unterschiede in weniger als 30 Jahren auf folkloristischen Föderalismus reduzieren lassen wie bei uns? Bis heute ist China mit der Größe des Landes und den Extremen seiner Natur politisch und administrativ nicht fertig geworden. Heute noch ist die Nordwestgrenze zur Sowjetunion ein neuralgischer Punkt, weil sich die unwegsamen Gebirgsregionen des Pamir kaum kontrollieren lassen und den dort ansässigen Minderheiten die stammesgeschichtlichen und familiären Bindungen oft wichtiger sind als Staatsgrenzen. Ich weiß nicht, ob das Gerücht wahr ist, daß in gewissen unzugänglichen Bergregionen Chinas noch Räuberbanden ihr Unwesen treiben; ich halte es für denkbar.

Regionalismus, die Bildung „unabhängiger Königreiche", ist ein noch immer aktuelles Problem chinesischer Innenpolitik. Das Gefühl nationaler Identität bewegt sich hier in anderen Dimensionen als in den europäischen Kleinstaaten, schon deshalb ist es ungleich wichtiger.

Der Kampf mit der Natur

In doppelter Weise hat mich China an Naturerfahrungen erinnert, die für uns der Vergangenheit angehören, oder die ich nur aus den Abenteuerbüchern meiner Jugend kannte.

Natur, das ist für die meisten von uns Erholungsraum geworden, gemessen in „Freizeitwert". Natur ist für Chinesen zuerst und vor allem Gegenstand bäuerlicher Arbeit, Garant des materiellen Überlebens. Trotz seiner Größe hat China relativ wenig bebaubares Land, nur 13% seiner Landmasse bieten günstige Bedingungen für landwirtschaftliche Nutzung. Intensivste Bebauung dieser Flächen ist Teil eines Überlebensprogramms, das keinen Raum läßt für lauschige Plätzchen und Naherholungsgebiete. So wenig übrigens, wie für Kreuzzüge gegen die Verwendung von Kunstdünger und Insektiziden. Jedes Fleckchen Erde muß genutzt werden. Ich habe viele Chinesen getroffen, die in der Nordchinesischen Ebene oder in Mittelchina aufgewachsen waren und in ihrem Leben noch keinen Wald gesehen hatten. Die Bauern bestimmter Regionen in der Provinz Fujian wiederum benutzten die politischen Unruhen der letzten Jahre, als die staatlichen Kontrollorgane durch innere Kämpfe teilweise funktionsunfähig waren, um die mühsam aufgeforsteten Berghänge wieder abzuholzen. Sie sahen keinen Sinn darin, Bäume statt Reis zu pflanzen. Den Zusammenhang hatte ihnen offenbar niemand klar gemacht und Gesichtspunkte der Landschaftsgestaltung spielten für sie keine Rolle.

Oft genug sind diese Flächen einer widrigen Natur abgetrotzt, in unvorstellbar mühseliger und heroischer Arbeit, mit primitivsten Werkzeugen. Das Symbol dieses Behauptungswillens gegen eine feindselige Natur ist die Brigade Dazhai mit ihren Terrassenfeldern. Dreimal wurden sie von Regenstürmen weggewaschen und dreimal wieder aufgebaut, aus eigener Kraft, ohne Hilfe von außen. Kein Chinese würde meine Schwärmerei für die spröde und bizarre Schönheit der öden Lößberge des Gebietes um Dazhai verstehen. Für ihn sind sie noch nicht in Angriff genommene, noch nicht überwundene und dienstbar gemachte Natur.

In unseren gesegneten Breitengraden können wir uns im allgemeinen darauf verlassen, daß der liebe Herrgott zum Fleiß des Bauern das Seine hinzutut, um das Getreide wachsen zu lassen. In China muß jeder Quadratmeter Ackerland künstlich bewässert werden. Ein riesiges Netz von Kanälen, Dämmen, Schleusen und Pumpen, deren Schaffung und Instandhaltung ein unvorstellbares Maß an menschlicher Arbeitskraft voraussetzen. Die Kollektivierung der Landwirtschaft und die durch sie veränderten Lebensformen der chinesischen Bauern sind ebenso eine Antwort auf die natürliche Herausforderung, wie die Verwirklichung eines politischen Programms. Noch immer ist in China der Kampf mit der Natur die wesentlichste Schranke und der wesentlichste Motor gesellschaftlicher Entwicklung.

Neu war für mich auch die Erfahrung der ständigen und unmittelbaren Abhängigkeit von Naturgewalten und ihrer Bedrohlichkeit.

Die drei langen wollenen Unterhosen, mit denen unsere chinesischen Kommilitonen der beißenden Winterkälte Pekings trotzten und die in leuchtenden Farbkombinationen unter den kurzen Hosenbeinen hervorlugten, waren für uns ein steter Quell der Heiterkeit. Sie machten aus schmächtigen und schlanken Gestalten pummelige und fast unförmige Wesen und ließen alle Frauen aussehen, als seien sie schwanger. Das Vergnügen steigerte sich im Frühling, wenn sich die Zahl der Unterhosen allmählich verringerte, was uns den Eindruck gab, einer rapiden kollektiven Abmagerungskur beizuwohnen. Wir Europäer, die das komisch fanden, brachten die Lebensgewohnheiten einer Welt von Klimaanlagen und Zentralheizungen mit nach China. Unsere Kleidung folgt mehr der Mode als der nackten Zweckmäßigkeit, und unsere Frühlingsgefühle haben nur mehr wenig mit dem Beginn der Feldarbeit zu tun. Ich erinnere mich an meine chinesischen Kommilitonen, die morgens besorgt zum Himmel aufsahen und sich dabei fachkundig über die Auswirkungen des verspäteten Frühjahrsregens auf die Aussaat des Winterweizens unterhielten. Auch in der Großstadt gehen die Menschen im Winter früher zu Bett als im Sommer, und der Speisezettel richtet sich streng nach dem Gang der Jahreszeiten.

Ich bin aus einer Welt nach China gekommen, in der es weit notwendiger ist, die Natur vor den Menschen zu schützen, als die Menschen vor der Natur. Die Erfahrung ihrer Übermächtigkeit und Gefährlichkeit ist bei uns selten geworden. Überschwemmungen, die Landstriche von der Größe Bayerns unter Wasser setzen, Taifune, Sandstürme, für mich hatten sie die Wirklichkeit von Fernsehbildern. Im großen Erdbeben von Tang shan im Sommer 1976 starben 800 000 Menschen und es war nur eines von vier etwa gleich starken in jenem

Jahr. Die Vorbereitung auf Naturkatastrophen gehört zum chinesischen Alltag. Erdstöße von der Heftigkeit, wie ich sie im Sommer und Herbst 1976 in Peking miterlebt habe, hätten in einer deutschen Großstadt eine unvorstellbare Panik hervorgerufen. Dort gingen die Einwohner mit vollkommener Ruhe und Selbstverständlichkeit daran, sich Notunterkünfte im Freien zu bauen. Der Kampf gegen eine feindliche Natur ist für die meisten Chinesen erfahrbarer Teil des Überlebens. Für uns ist er Kinoerlebnis, mehr Sensation als Schrecken. Auch das gehört zu den Fremdheiten.

Geschichte und Gegenwart

Die Macht der Vergangenheit

Zu Besuch bei einer chinesischen Bauernfamilie erfuhr ich zu meinem Erstaunen, daß sie das Haus eines früheren Großgrundbesitzers bewohnte. Es unterschied sich in nichts von den Häusern anderer Dorfbewohner, die lange nach der Befreiung anstelle der ursprünglichen Lehmhütten gebaut worden waren.

Jegliche Gegenwart ist ein Kompromiß mit der Geschichte. Historische Daten sind nur symbolische Zäsuren, sie ändern nicht das Denken und Handeln der Menschen. Auch Revolutionen sind nicht nur Bruch mit der Vergangenheit, sondern ebenso ihre Fortsetzung. Das sind keine sehr originellen Einsichten. Doch habe ich den Eindruck, daß wir im Falle Chinas mit diesen Selbstverständlichkeiten unsere Schwierigkeiten haben. Betrachtungen über das Verhältnis von Gegenwart und Geschichte in China tendieren hierzulande immer zu zwei Extremen:

Für die einen ist der chinesische Sozialismus neuer Wein in alten Schläuchen. Er ist die alte „orientalische Despotie" in neuem Gewande, Mao Zedong der „Erbe der alten Kaiserinwitwe Ci Xi", der neue „Kaiser von China", umgeben von seinen „roten Mandarinen". Es gibt eine ganze sinologische Bibliothek, die sich nicht genug tun kann zu zeigen, daß all das scheinbar Neue in Wirklichkeit das ewig Alte ist, Produkt einer Geschichte, die nicht voranschreitet, sondern sich im Kreise dreht.

Für die anderen, die sich nicht selten als „Marxisten" und „Maoisten" mißverstehen, hat die Vergangenheit Chinas vor allem die Funktion eines Schutzwalles gegen die ideologischen Zweifel angesichts des Auseinanderfallens von Ideal und Wirklichkeit in der Gegenwart. Die Vergangenheit bildet den düsteren Hintergrund, vor dem sich das neue sozialistische China strahlend abhebt. Sie ist die Quelle von „feudalen Überresten und Gewohnheiten", der „Sumpf der alten Gesellschaft", aus dem am eigenen Zopfe herauszuziehen sich der chinesische Sozialismus anschickt. Sie erscheint wie ein noch nicht überwundener Makel, als die nicht gänzlich abgestreifte Fessel gesellschaftlichen Fortschritts.

Ich kannte beide Positionen, als ich nach China aufbrach und sympathisierte mit der zweiten. Heute erscheinen sie mir beide naiv. Und zudem ärgerlich, weil sie selbst das zur Absurdität machen, was an ihnen richtig ist.

Es ist nicht schwierig zu erkennen, daß im „Personenkult", in der quasi religiösen Verehrung des politischen Führers, das Erbe einer jahrtausendealten Tradition der Kaiserverehrung fortlebt.

Es ist auf der anderen Seite ebenso offensichtlich, daß sich in der gesellschaftlichen Stellung der Frau im heutigen China ein epochaler und irreversibler Bruch mit der Geschichte und der Tradition vollzogen hat.

Doch sind beide Aspekte völlig unzulänglich, um das Verhältnis von Geschichte und Gegenwart im heutigen China zu verstehen.

Die persönlichen Anwürfe, mit denen zu Beginn die Kampagne gegen die „Viererbande" bestritten wurde, als man Jiang Qing die Kosten ihres französischen Gebisses und ihrer japanischen Perücke vorwarf, haben bei uns Verwunderung und Widerwillen erregt und waren Anlaß zu zahlreichen ironischen Kommentaren. Vielleicht wird diese Kampagne verständlicher, wenn man weiß, daß auch die konfuzianische Geschichtsschreibung im alten China ihre politischen und ideologischen Gegner stets zu verkommenen Subjekten gemacht hat. Nicht unbedingt aus Rachedurst und persönlichem Haß, sondern weil Moral nach konfuzianischer, wie nach heutiger chinesischer Auffassung keine private, sondern eine politische Kategorie ist. Moralische Verfehlungen sind nicht so sehr tadelnswert als persönliches Versagen, sondern als Verletzung der Ordnungsprinzipien, der korrekten Beziehungen zwischen den Menschen, auf die sich die Gesellschaft gründet, der Staat ebenso wie die Familie. Moral stützt sich auf rein gesellschaftliche Normen, den Begriff der „Sünde" kennt der Konfuzianismus so wenig wie der Marxismus.

Mir scheint dieses Beispiel geeignet, zu zeigen, wie kompliziert das Verhältnis von Gegenwart und Vergangenheit in China heute ist, wie sehr es sich allen eingleisigen Interpretationsversuchen entzieht. Die „Entprivatisierung" der Moral ist ja viel mehr als ein „konfuzianisches Erbe". Richtig verstanden könnte sie dem moralischen Verhalten seinen bei uns üblichen zwanghaften und angstbeladenen Charakter nehmen, indem sie einen direkten Bezug zwischen den moralischen Normen und den ihnen zugrundeliegenden gesellschaftlichen und historischen Bedingungen herstellt. So gesehen würde aus ihr tatsächlich eine „sozialistische Moral"!

Auf der anderen Seite: Wie viele unter uns „Linken" würden die Einschränkungen des persönlichen, individuellen Freiheitsspielraums hinnehmen, die die Praxis dieser politisierten Moral in China gegenwärtig mit sich bringt, wo zum Beispiel vor- oder außerehelicher Geschlechtsverkehr bestraft wird und die „Einheit" jederzeit das Recht hat, sich in meine Ehestreitigkeiten einzumischen. Außerdem handelt es sich auch in China um eine „doppelte" Moral, wenn die Sauereien hoher Parteifunktionäre erst mit ihrem Sturz ans Tageslicht kommen können.

Die neuen Bauernhäuser mögen aussehen wie die alten, aber wichtig ist doch, wer darin wohnt. Man mag Mao Zedong verehren wie vordem den Kaiser, aber zugleich personifiziert er den radikalen Bruch mit der feudalen Vergangenheit.

Mühsam vor allem war es für mich, zu begreifen, daß es eine Wirksamkeit der Geschichte jenseits unserer Absichten und unseres Bewußtseins gibt, die

die Gegenwart mitformt. Daß ihre geistige und materielle Hinterlassenschaft umgeformt und gleichsam verjüngt noch in die revolutionärsten Zukunftsvisionen mit einfließt.

Ich erinnere mich an eine Diskussion mit jungen chinesischen Intellektuellen, in deren Verlauf ich sie fragte, ob sie sich nach dem Tode Maos eine kollektive Führung vorstellen könnten, da ein gleichrangiger Nachfolger nicht in Sicht sei. Die erste Reaktion war ein schockiertes Schweigen. Ich hatte das Tabu gebrochen, offen über den Tod des „großen Vorsitzenden" zu sprechen. Die zweite Reaktion folgte mit überraschender Heftigkeit: Nein, daran sei nicht zu denken! Es müsse einen „großen Führer" geben, und es werde ihn auch wieder geben. Die Vorstellung, ohne eine solche Führerpersönlichkeit leben zu müssen, schien sie zu erschrecken. Als Symbol der nationalen und gesellschaftlichen Identität war sie ein Teil des sozialistischen Systems selbst und keineswegs ein „feudales Relikt".

Der chinesische Sozialismus ist der historische Vollstrecker des chinesischen Nationalismus, der nationalen Emanzipation des chinesischen Volkes. Patriotismus ist eine der wichtigsten Triebkräfte aller Chinesen bei der mühseligen Umgestaltung ihrer Gesellschaft. Daß der Prolet kein Vaterland kennt, ist auch für einen überzeugten chinesischen Kommunisten eine kaum nachvollziehbare Vorstellung. Unseren chinesischen Kommilitonen blieb stets unverständlich, daß die Tatsache der Spaltung Deutschlands bei uns so wenig Emotionen hervorrief. Ich hatte oft genug den Eindruck, daß ihnen das Ziel der nationalen Einheit wichtiger schien, als das der sozialen Revolution. Die vom verstorbenen Ministerpräsidenten Zhou Enlai auf dem 4. Nationalen Volkskongreß im Jahre 1975 gestellte Aufgabe, China bis zum Jahr 2000 in einen s o z i a l i s t i s c h e n und m ä c h t i g e n Industriestaat zu verwandeln, bringt diese für Chinesen selbstverständliche Synthese von Nationalismus und Sozialismus vollkommen zum Ausdruck. Ich habe den chinesischen Nationalismus nie als aggressiv oder expansiv empfunden. Aber nur meine engsten Freunde akzeptierten gelegentlich meine Kritik an chinesischen Zuständen. In der Regel widersprachen sie mir auch dann, wenn sie innerlich durchaus mit mir einverstanden waren. Sie hätten mich als feindselig empfunden, wenn ich meine Kritik gar zu unverblümt geäußert hätte.

Die Macht über die Vergangenheit

Im Verhältnis von Vergangenheit und Gegenwart einer Gesellschaft geht es nicht allein um die Macht der Geschichte, es geht auch um die Macht über die Geschichte. Es sind die Formen und Inhalte der Überlieferung und der Interpretation, die den bewußten Umgang mit der eigenen Geschichte formen, und wirksam wird sie dabei vor allem als das, was von ihr in den Köpfen und Büchern der Gegenwärtigen übrig gelassen wurde.

In fast jeder chinesischen „Einheit", Fabrik oder Brigade, Schule oder Wohnviertel, gibt es ein paar ältere Leute, deren Aufgabe darin besteht, den Jüngeren und ganz Jungen ihre Lebensgeschichte zu erzählen. Diese Institution hat einen eigenen Namen: „Bitternis klagen".

Diese Veranstaltungen haben auf mich immer einen eigentümlichen Eindruck gemacht. Der schockierende und zweifellos wahre Inhalt dieser Berichte vertrug sich schlecht mit der mehr oder weniger perfekten Professionalität des Erzählens. Natürlich geht ein Teil davon a conto der Routine, viele Male waren diese Biographien schon erzählt worden. Aber ich merkte mit der Zeit, daß diese Erinnerungen an eine „bittere Vergangenheit" einer ausgeklügelten Dramaturgie gehorchten. In einer Fabrik mit einer langen revolutionären Tradition sollten wir die Lebenserinnerungen eines alten Arbeiters zu hören bekommen. Ein Greis, imponierend in seiner Gebrechlichkeit und Würde, das Gesicht wie aus Leder, ein Kranz aus Falten und Runzeln, zwei überraschend wachsame Augen, die uns verschmitzt und freundlich musterten. Bevor er ehrfurchtsvoll gestützt von zwei Kadern den Raum betrat, wurde ein Teller mit kleinen Handtüchern aufs Podium gelegt. Wie sich herausstellte, sollten sie dazu dienen, die Tränen abzuwischen, die der alte Mann im Verlauf seines Vortrages vergießen würde. Das geschah auch, und selbstverständlich mündete seine Erzählung in eine fröhlich lächelnde Beschwörung der hellen und freudigen Gegenwart und eines Danksagung an den Vorsitzenden Mao und die Kommunistische Partei.

Zunächst geschieht hier etwas ganz Normales. Geschichte wird als Lebensgeschichte überliefert und so erfahrbar als persönliches Schicksal der Eltern und Voreltern, als Teil der eigenen Vergangenheit. Die mündliche Weitergabe von Lebensgeschichte und Lebenserfahrung ist in China noch sehr lebendig. Es gibt wenige Chinesen, die nicht detailliert ihre Familiengeschichte bis ins zweite oder dritte Glied erzählen können. Und es liegt nahe, in den Experten des „Bitternis-Klagens" die Erben der traditionellen Geschichtenerzähler zu sehen, die im alten China von Ort zu Ort zogen, um auf Straßen und Plätzen Heldengeschichten, Märchen und Neuigkeiten zum Besten zu geben. Auch heute werden viele der Veteranen aus den Anfängen der chinesischen Arbeiterbewegung oder des „Langen Marsches" im ganzen Land herumgeschickt, ziehen von „Einheit" zu „Einheit", um ihre private „Heldengeschichte" zu erzählen. Und ich meine, es ist zum Verständnis der gerade erzählten Anekdote wichtig zu wissen, daß auch die guten Geschichtenerzähler der Vergangenheit sich jedesmal wieder von der Dramatik ihres eigenen Vortrages mitreißen liessen, zu ihren Geschichten ein nicht nur intellektuelles, sondern auch ein emotionales Verhältnis hatten, Trauer und Freude nicht nur erzählten, sondern auch zeigten.

Diese Form der persönlichen Überlieferung von Geschichte ist bei uns fast in Vergessenheit geraten. Die Großmutter, die dem Enkel erzählt, wie es früher war, hat unsere Kleinfamilienenge nicht überlebt. Geschichte hat sich für die meisten von uns in die Druckseiten mühsamer Schulbücher verflüchtigt, in denen die Vergangenheit unserer Großeltern nicht greifbarer ist, als die des Karolingerreiches.

Aber das „Bitternis klagen" will weit mehr, als die Weitergabe persönlicher Lebensgeschichte. Es will erziehen und mobilisieren. Das persönliche Schicksal repräsentiert das Klassenschicksal und illustriert eine historische Metapher: Den Weg aus der finsteren Vergangenheit in eine helle Gegenwart, hin zu einer strahlenden Zukunft.

In dieser Geschichte aus Geschichten, in Romanen und Spielfilmen sind Guomindang-Beamte stets korrupt, grausam und feige, arme Bauern und Arbeiter stets revolutionär, Kommunisten stets freudig bereit, sich zu opfern. In Spielfilmen, die Not und Elend vor der Befreiung schildern, scheint nie die Sonne, immer dräuen düstere Wolken am Horizont.

Es geht hier nicht um die historiographisch genaue Darstellung der Vergangenheit, es geht um die m o d e l l h a f t e Widerspiegelung der Wirklichkeit eines Systems von Ausbeutung und Unterdrückung einerseits, einer revolutionären Bauern- und Arbeiterschaft andererseits. Das Ziel ist zweifach: die historische Legitimation der bestehenden gesellschaftlichen Ordnung und die Einsicht in die Notwendigkeit der gegenwärtigen und zukünftigen Anstrengungen und Opfer. Alle Aspekte, die nicht unmittelbar dieser erzieherischen Aufgabe dienen oder ihr zuwiderlaufen, werden ausgeblendet. Die aktive und patrotische Rolle vieler Guomindang-Offiziere im antijapanischen Widerstand hat in dieser Geschichtsbetrachtung keinen Platz. Aber sie bleibt auch in „seriösen" Geschichtswerken unerwähnt.

Natürlich reflektiert auch unsere Geschichtsschreibung herrschende Ideologien und Interessen. Die Radikalität jedoch, mit der sie in China zur politischen und ideologischen Waffe instrumentalisiert wird, ist für uns ungewöhnlich.

Bei einem Besuch des Revolutionsmuseums in Yenan, dem größten und wichtigsten seiner Art in ganz China, konnte ich nicht eine Fotografie Lin Biaos entdecken, in keiner Schlachtbeschreibung tauchte sein Name auf. War es innerhalb des Geschichtsstudiums an der Pekinger Universität unumgänglich, ihn zu erwähnen, so erschien er als Intrigant und militärischer Versager, und wir genossen es, unsere Lehrer mit der Frage in Verlegenheit zu bringen, wie es einer solchen Niete möglich gewesen sei, in der legendären Roten Armee eine derart schnelle und glänzende Karriere zu machen.

Auf den offiziellen Fotos der Trauerfeierlichkeiten zum Tode Mao Zedongs klaffen im Spalier der trauernden Prominenz unmotivierte Lücken – dort wo man die Vertreter der „Viererbande" wegretuschiert hat. Selbst von den historischen Fotos der Yenanperiode verschwand die Person Jiang Qings.

Nichts beschreibt das Schicksal eines gefallenen chinesischen Politikers genauer, als die leeren Stellen auf historischen Fotos. Der Sturz beendet nicht allein seine politische, sondern gewöhnlich auch seine historische Existenz. Soweit er nicht als „negatives Lehrbeispiel" Verwendung findet, verschwindet er einfach aus der Geschichte. Die daraus resultierende Notwendigkeit, nach jedem „Linienkampf" die Parteigeschichte neu zu interpretieren und mißliebige Personen und Tendenzen auszusondern, hat bisher die Herausgabe einer offiziellen Geschichte der chinesischen Kommunistischen Partei unmöglich gemacht. Aus demselben Grund wurde das Studienmaterial, das die Grundlage unseres Geschichtsstudiums an der Pekinger Universität bildete, am Semesterende wieder eingesammelt; es diente nur für den „internen" Gebrauch.

Die Schnelligkeit des politischen Wechsels bringt gelegentlich die Geschichte zum Tanzen. Im Geschichtsunterricht an der Pekinger Universität wurde Deng Xiaoping im Sommersemester 1975 als prominenter Heerführer des ersten Bürgerkrieges erwähnt, im Wintersemester 75/76 existierte er nicht mehr, im Frühjahr 1977 tauchte er wieder auf. So wußten wir ein halbes Jahr vor der offiziellen Bestätigung, daß er wieder einmal rehabilitiert worden war. So wie der Sturz eines Parteifunktionärs seinen Namen und seine Verdienste aus den Zeitungsspalten und den Geschichtsbüchern löscht, so genügt umgekehrt für seine Rehabilitierung und Rückkehr in die Geschichte die bloße Erwähnung seines Namens in der Zeitung, oft in einem scheinbar nebensächlichen Zusammenhang. Mit besonderem Interesse verfolgten unsere Kommilitonen, wie alle Chinesen, nach dem Sturz der „Viererbande" die in der „Volkszeitung" veröffentlichten Anwesenheitslisten offizieller Empfänge. „Ta ye huifu le – Der ist auch rehabilitiert worden", sagten sie und stießen sich an, wenn dort der Name eines prominenten Opfers der Kulturrevolution oder auch nur der seiner Witwe auftauchte. Deshalb wäre es ganz unmöglich, das Porträt Lin Biaos aus Gründen historischer Objektivität wieder im Revolutionsmuseum aufzuhängen. Man würde es allgemein als Rehabilitierung verstehen.

Dieses zugleich instrumentelle wie magische Verhältnis zur eigenen Vergangenheit beschränkt sich nicht auf die jüngere chinesische Geschichte. Auch die des Kaiserreiches steht „im Dienste der Gegenwart". Daß das feudale und konfuzianische Erbe der chinesischen Vergangenheit bis in die Gegenwart wirksam ist, habe ich schon gezeigt. Aber nicht immer dienen historische Debatten der Auseinandersetzung mit diesem Erbe der Vergangenheit.

Die innerparteilichen Kämpfe zwischen dem früheren Ministerpräsidenten Zhou Enlai und der „Viererbande" in den Jahren 1973 bis 1976 wurden im Gewande einer Debatte über zwei philosophische Schulen des chinesischen Altertums, die Konfuzianer und die Legalisten, ausgetragen. Da die „Viererbande", die damals den Erziehungssektor beherrschte, sich mit den Legalisten identifizierte, waren wir im Geschichtsunterricht gezwungen, uns extensiv und in einer Weise mit ihnen zu beschäftigen, die allen historischen Fakten Hohn sprach.

Aktuelle politische Auseinandersetzungen in historischer Verkleidung zu führen, ist in China sehr üblich. Den Startschuß für die Kulturrevolution bildete die Kritik an einem historischen Drama über einen Minister der Ming-

Dynastie (1368 - 1644), hinter dem sich seinerseits eine Attacke auf Mao Zedong verbarg. Neubewertungen historischer Persönlichkeiten oder Bewegungen legen immer den Verdacht auf neue Entwicklungen innerparteilicher Konflikte nahe. Während meines Aufenthaltes wurde das große Historische Nationalmuseum am Platze des Himmlischen Friedens in Peking zweimal geschlossen und wieder eröffnet, weil die Exponate aus aktuellen politischen Gründen verändert und umgruppiert werden mußten. Jede politische Veränderung schafft sich so eine neue Geschichte.

Chinesen sind geschult im Erkennen solcher Zusammenhänge. Im Winter 1976 wurde ein historischer Film aus der Zeit vor der Kulturrevolution wieder aufgeführt, einer jener Filme, die nach 1966 aus ideologischen Gründen auf den Index gesetzt worden waren. Sein Held war ein patriotischer Aristokrat des Mandschuhofes während des ersten japanisch-chinesischen Krieges (1894). Mir war unverständlich, warum ausgerechnet dieser künstlerisch und politisch belanglose Streifen zu den ersten wieder freigegebenen und wiederaufgeführten Filmen aus der Zeit vor der Kulturrevolution gehörte, bis mich ein chinesischer Freund darauf aufmerksam machte, daß der Held den Namen Deng trug. Vielleicht war seine Interpretation falsch. Aber sie macht deutlich, welche Funktionen die offizielle chinesische Geschichtsschreibung erfüllen kann.

Mich hat dieser Umgang mit der eigenen Geschichte irritiert und abgestossen. Aber er hat seinen Sinn in der Logik des chinesischen Systems. Wie die übermächtige Natur ist die übermächtige Geschichte Gegenstand der Bearbeitung und Nutzbarmachung. Wie die Veränderung der Natur, wird auch die der Geschichte radikal in den Dienst der jeweiligen gesellschaftlichen Ziele gestellt. Wie über die Gegenwart, so herrscht die Kommunistische Partei auch über die Vergangenheit der chinesischen Gesellschaft.

Vor dem Hochmut unserer akademischen Geschichtswissenschaft kann der Umgang des sozialistischen China mit seiner Geschichte nicht bestehen. Gefährlicher ist, daß er die Möglichkeit einer differenzierten materialistischen Einsicht in historische Prozesse zerstört. Und der Verweis auf die schreckliche Vergangenheit wird leicht zum Vorwand, Fragen über eine unerfreuliche Gegenwart zu unterbinden. Aber ich muß zugeben, daß diese Indienstnahme der Vergangenheit der Gegenwart einen Sinn gibt, der die Menschen beim Aufbau ihres Landes vorantreibt. Ich fühle mich vom Chaos unserer Geschichte in die

Angst vor einer ungewissen Zukunft entlassen. Man mag den Geschichtsoptimismus der Chinesen naiv finden, doch er gibt ihnen eine Kraft der Hoffnung, um die ich sie beneide.

„Unterentwicklung"

Bevor ich nach China aufbrach, waren meine Vorstellungen von „Unterentwicklung" geprägt durch die Bilder krassen Elends, die mir die Grundlage des Reichtums unserer westlich-kapitalistischen Gesellschaften quälend bewußt machten und denen meine politischen Überzeugungen einen Teil ihres moralischen Impetus verdanken: Die ausgemergelten Gestalten in den Strassen Kalkuttas, die Kinder mit den aufgeblähten Hungerbäuchen in der Sahelzone, die Leprakranken in den Urwaldhospitälern des Amazonas.

Das sind natürlich sehr wichtige und sehr reale Aspekte von „Unterentwicklung" und entgegen vielen wohlgemeinten Berichten sind sie auch in China nicht völlig verschwunden. Größere Mißernten schlagen sich auch heute noch direkt auf den Speisezettel chinesischer Familien nieder und wenn sie von länger anhaltenden politischen Unruhen begleitet sind, können sie schreckliche Folgen haben. Wie wir aus Zeitungsartikeln und Wandzeitungen der letzten Monate wissen, führte das politische Chaos der Jahre 75/76 verbunden mit lange anhaltender Dürre zu Hungerkatastrophen in Teilen der

Provinzen Zhejiang, Anhui und Gansu. Die Bauern schickten, wie in den Jahren vor der Befreiung, ihre Frauen und Töchter zur Bettelei und Prostitution in die Städte und boten ihre Kinder zum Verkauf an, um nicht Hungers zu sterben. Ein Untersuchungsbericht aus dem westlichen Teil der Inneren Mongolei brachte vor kurzem ans Tageslicht, daß dort in manchen Regionen die Bevölkerung nicht mit zwei Mahlzeiten am Tag rechnen kann. Zwar ist es den Chinesen gelungen, die großen epidemischen Seuchen unter Kontrolle zu bringen – eine unglaubliche Leistung –, aber wenn man in entlegene Dörfer Südchinas kommt, fallen einem sofort die vielen Kinder mit Hautekzemen, Pilzen und Wucherungen im Gesicht ins Auge. Viele der Wohnhäuser in den ärmeren Gebieten des Landes würden bei uns nicht als Schweineställe durchgehen und manche Wohnviertel Shanghais unterscheiden sich nur durch ihre Sauberkeit und das Fehlen des „Zivilisationsmülls" von Slums in anderen Teilen Ostasiens.

Alles in allem ist China freilich bei der Überwindung dieser schlimmsten Erscheinungsformen der „Unterentwicklung" erfolgreicher gewesen, als irgendein Entwicklungsland vergleichbarer Größe. Und trotz mancherlei Privilegien für höhere Kader und einer beachtlichen Korruption ist das Gefälle zwischen arm und reich in China weit geringer als selbst in den entwickelten Industrieländern. Im übrigen sollte man sich daran erinnern, daß laut amtlicher Statistik in den Vereinigten Staaten von Amerika heute 20% der Bevölkerung unterhalb der Armutsgrenze leben.

Gerade jedoch die Tatsache, daß man in China kaum mit den Schrecknissen von Hunger und Elend konfrontiert wird, hat meinen Blick dafür geschärft, wie wenig ich bisher von den Problemen und Schwierigkeiten der „Unterentwicklung" verstanden hatte.

Traditionell wurden auf dem chinesischen Land Gräber am Rande der Familienäcker errichtet und dort wurden auch die Riten des Ahnenkultes vollzogen. Als man während der Vergenossenschaftlichungsbewegung daranging, die privaten Äcker zusammenzulegen und zu regulieren, warfen sich ältere Bauern über die Grabhügel und drohten, sich umzubringen, wenn die Gräber eingeebnet würden. Manche haben es tatsächlich getan.

In manchen Gegenden Chinas sind Kamele noch häufig benutzte Zugtiere. Ich bat die Vorsitzende einer landwirtschaftlichen Brigade in einem dieser Gebiete, nachdem sie uns voller Stolz über die Modernisierungserfolge ihrer

„Einheit" berichtet hatte, den Kamelstall besichtigen zu dürfen. Sie zuckte sichtbar zurück, als hätte ich sie beleidigt. Schließlich erklärte sie mir knapp: „Wir haben keine Kamele mehr, wir haben Traktoren!" Sie verstand mein Interesse als eine unziemliche Anspielung auf die Rückständigkeit der chinesischen Landwirtschaft. Für sie war das Verschwinden von Kamelen und Eseln aus der Gegend ein Kennzeichen erfolgreicher Entwicklungspolitik.

Der Brigadeleiter eines recht entlegenen Dorfes in Nordshenxi erzählte mir, daß es nach der gerade fertiggestellten Elektrifizierung des Dorfes schwierig gewesen sei, die Bauern davon abzuhalten, Tag und Nacht das Licht brennen zu lassen. Erst als er ihnen drohte, den Strom wieder sperren zu lassen, ließen sie sich davon abbringen.

Nach der Zusammenlegung dreier Dörfer zu einer Brigade in der Nähe des Musterdorfes Dazhai war es über Jahre hinweg unmöglich, eine administrative Infrastruktur aufzubauen. Die drei verfeindeten Sippen , die jeweils ein Dorf bewohnten, waren nicht bereit, Führungskader der jeweils anderen Familie zu akzeptieren. Mit schöner Regelmäßigkeit wurde jeder neu gewählte Brigadeleiter wieder aus seinem Amt geekelt. Erst dadurch, daß das Parteikommitee des Kreises die Leitung der Brigade dem legendären Brigadesekretär von Dazhai, Chen Yonggui übertrug, konnten die zerstrittenen Clanshäuptlinge zur Räson gebracht werden.

Das sind lustige Geschichten – für uns, nicht für die Betroffenen. Es sind die alltäglichen Randerscheinungen eines gesellschaftlichen Transformationsprozesses, von dessen Ausmaß und Tiefe wir uns keine Vorstellungen mehr machen können, weil wir ihn, wenn auch auf andere Weise, zwar nicht bewältigt, aber durchgesetzt haben: Industrialisierung und Modernisierung.

Die Herrschaft des Landes

Die chinesische Außenpolitik beschrieb einmal ihre Globalstrategie als „Einkreisung der Städte durch die Dörfer". Deutschland, ein großer Teil Europas, ist vom chinesischen Standpunkt aus gesehen in der Tat eine einzige Stadt, mit ein paar grünen Flecken zwischen Schornsteinen und Beton. Das Leben in dieser kontinentalen Stadt ist geprägt von einer im wesentlichen auf industrieller Produktion gegründeten Lebensform.

Ich habe vor kurzem die treffende Bemerkung eines Journalisten gelesen, China biete heute das Bild von versprengten industriellen Inseln im bäuerlichen Meer. Dieser sicher übertragen gemeinte Ausdruck entspricht sehr genau der optischen Realität. Das plötzliche Aufragen von Schornsteinen und Fabrikhallen, meist in der Nähe größerer Städte, nach einer stunden-, möglicherweise tagelangen Fahrt durch reines Bauernland, bei der der Anblick von Traktoren noch immer die Ausnahme, der von Ochsen, Kamelen, Wasserbüffeln und Menschen als Zugtieren noch immer die Regel bildet. Bei der man sich an das Bild der von Tieren oder Menschen in Bewegung gehaltenen Wasserräder gewöhnt, deren Aussehen sich seit 1000 Jahren wenig geändert hat. Wo man gelegentlich auf die von Menschen mit Schaufeln und Schubkarren wimmelnden landwirtschaftlichen Großbauprojekte stößt, wie Deichbau oder Terrassierung, mit wenigen oder keinen Bulldozern und Baggern, die auf den Bildern chinesischer Bauernmalerei so unübertroffen dargestellt sind.

Hat man die industriellen Inseln aus rußigem Backstein und Neonlicht durchquert, so taucht man wieder in dieses von Maschinenlärm scheinbar unberührte Meer des bäuerlichen China. Der Anblick trügt bis zu einem gewissen Grade. Obwohl die rasch zunehmenden Kleinindustrien auf lokaler Ebene ein wichtiger Faktor der landwirtschaftlichen Entwicklung sind, haben sie dennoch die Lebensform chinesischer Bauern bisher kaum verändert.

Umgekehrt reicht der Einfluß des Landes bis tief in die Städte. Heute noch bieten die meisten chinesischen Städte den Anblick von agglomerierten Dörfern mit niedrigen, ebenerdigen oder einstöckigen Häusern aus Backstein und Holz. Verläßt man die großen Durchgangsstraßen, die Peking wie ein Schachbrett durchschneiden, und verliert sich in den engen Gäßchen der alten Viertel, so hat man das Gefühl, auf dem Lande zu sein. Kleine graue Häuser mit ummauerten Höfen, in denen Sonnenblumen und Gemüse gezogen werden, ungeteerte Wege, gackernde Hühner vor den Hauseingängen. Bis fast ins Zentrum Pekings gibt es große Flächen bebauten Landes, und die Ochsenfuhrwerke und Eselkarren werden erst langsam von Lastwagen verdrängt.

Von Städten wie Shanghai und Tientsin abgesehen, denen der westliche

Imperialismus seine brutale Architektur neobarocker Bankpaläste und viktorianischer Mietskasernen aufgezwungen hat, bestimmen diese traditionellen Viertel das Bild der Städte immer noch mehr, als die einförmigen Backsteinkästen der Neubauviertel. Ich habe wenige Chinesen getroffen, die das Leben in einem dieser wenig komfortablen alten Häuschen nicht dem in einer Neubauwohnung vorgezogen hätten, trotz des Fehlens von Zentralheizung und fließendem Wasser.

Warum? Weil das Leben in diesen Häusern das Zusammenwohnen mehrerer Generationen unter einem Dach ermöglicht. Weil es erlaubt, Kleinvieh zu halten, Zwiebeln zu pflanzen und in den heißen Sommern im Freien zu kochen und zu schlafen.

So gesehen ist „Unterentwicklung" ja vielmehr als materielle Not, Hunger und Krankheit. Sie umfaßt einen ganzen Komplex sozialer Verhaltensformen, Gewohnheiten, Techniken und Anschauungen.

Der Respekt vor dem Alter und mit ihm verbunden die Wertschätzung der Erfahrungen und Kenntnisse eines langen Lebens, sind ein Erbe „unterentwickelter" bäuerlicher Gesellschaften. Die intakten sozialen Beziehungen der Großfamilie, der Sippe sind ja nicht nur ein beengendes Korsett von Hierarchien, sie gewähren auch gesellschaftliche Orientierung, Schutz und Fürsorge. Die Bindung an den gewohnten Lebensraum, die Vertrautheit schafft und das Gefühl, aufgehoben zu sein. Der alte Bauer, bei dem ich gewohnt habe, war während seines 65-jährigen Lebens nur einmal im ca. 80 km entfernten Peking gewesen. Das Leben in der Stadt, selbst in einer chinesischen, erschien ihm fremd und bedrohlich. Das Gefühl der Sicherheit in seinem begrenzten und überschaubaren Dorf überwog das der Neugierde bei weitem.

Zu verklären gibt es nichts. Jeden Tag Maisbrei mit Kohl, mit 50 Jahren krummgeschlagen von der Arbeit, der Stumpfsinn des Landlebens, idyllisch ist das nicht.

China hat 900 Millionen Menschen zu ernähren. Holzpflug, Wasserrad und Ochsen, effizient ist das nicht.

反革命！

Entwicklung und Zerstörung

Aber Industrialisierung und Modernisierung bedeuten mehr als der Bau von Stahlwerken und die Produktion von Kunstdünger. Auch im sozialistischen China reißen sie die Menschen aus jahrtausende alten Lebens- und Arbeitsformen. Sie zerstören das Geflecht ihrer traditionellen sozialen Beziehungen und zwingen ihrem Alltag einen neuen körperlichen und seelischen Rhythmus auf. Sie lösen die Arbeit aus dem natürlichen Zyklus der Jahreszeiten, sie schaffen veränderte Arbeits- und Lebensräume. Sie verfeinern die Arbeitsteilung zur mechanisch wiederholten Teilarbeit. Sie führen zum ständigen und raschen Wechsel der Produktionsmethoden, damit verbunden zur Notwendigkeit, ständig neu zu lernen, und schließlich zu einer Veränderung des Denkens selbst – zum „wissenschaftlich-technischen Denken".

Vor allem ist das ein Prozeß, der Zwang ausübt und in dem Zwang ausgeübt wird. Das scheinheilige Gejammer über den „Totalitarismus" der chinesischen Gesellschaft und die „linke" idealistische Traumtänzerei beruhen auf der gleichen historischen Verdrängung. Sie „vergessen" den Industrialisierungsprozeß, den unsere Gesellschaften im 18. und 19. Jahrhundert durchgemacht haben. Sie „vergessen", daß das Fundament unserer „Entwicklung" in der Arbeit von Millionen landflüchtiger Bauern besteht, die nicht freiwillig in die Städte gezogen sind, um dort als industrielle Reservearmee an Unterernährung und Tuberkulose zu krepieren. Sie „vergessen" dieses Fundament aus Kinderarbeit, körperlicher und seelischer Verkrüppelung, die Zerstörung intakter sozialer Organisation, handwerklicher Fähigkeit und überlieferten Wissens.

Sie „vergessen" nicht nur die Vergangenheit, sondern auch die Gegenwart außerhalb unserer Grenzen, die trostlose Wiederholung dieser Geschichte in den Ländern der Dritten Welt, wo die nationale kapitalistische Ausbeutung noch vervielfacht wird durch einen imperialistischen Weltmarkt und multinationale Konzerne.

Ich vergesse keineswegs, daß es sich hier um den kapitalistischen Industrialisierungsprozeß handelt. Ich glaube auch nicht, daß Industrialisierung zwangsläufig diesen katastrophalen und traumatischen Verlauf nehmen muß, daß sie enden muß mit Verschleißproduktion, sozialer Einsamkeit und Zerstörung der Natur.

Es ist dem sozialistischen China gelungen, diesem Prozeß in mancher Hinsicht ein anderes, humaneres Gesicht zu geben. Während die Arbeiterbewegung in den westlichen Industriestaaten ein Mindestmaß sozialer Sicherung erst erkämpfen konnte, als die Industrialisierung im wesentlichen durchgesetzt und abgeschlossen war, ist sie in China ein Teil des Industrialisierungsprozesses selbst. Chinesische Industriebetriebe waren weder zur Zeit der „Viererbande" Musterbeispiele an Basisdemokratie, noch sind sie es heute, und die Arbeitsbedingungen erinnerten mich oft genug an Bilder aus der Zeit des Manchester Kapitalismus. Aber sie bieten ihren Angehörigen die Garantie für einen Arbeitsplatz und ein Maß an sozialer und medizinischer Fürsorge, das für ein Land der Dritten Welt einzigartig ist.

Wenige der „Straßenfabriken" und der ländlichen Kleinbetriebe, die ich besichtigt habe, entsprechen den Mindestanforderungen westdeutscher Sicherheitsvorschriften, und die aus ausrangierten Maschinen zusammengebastelte Ausrüstung würde einem Ingenieur hierzulande vermutlich ein Lächeln entlocken. Aber abgesehen davon, daß sie einen wesentlichen Beitrag zur Versorgung der Chinesen mit Konsumgütern leisten, sind sie geeignet, eine bäuerliche Bevölkerung allmählich und behutsam mit den Geheimnissen und Besonderheiten industrieller Produktion vertraut zu machen. Das junge Bauernmädchen, in dessen Familie ich eine zeitlang gewohnt habe, das nun als Arbeiterin in einem der brigadeeigenen Kleinbetriebe beschäftigt ist, ist nicht gezwungen, ihre bäuerlichen Lebensgewohnheiten und ihren gewohnten Lebensrhythmus über Bord zu werfen und sie bleibt eingebunden in die vertrauten familiären und dörflichen Beziehungen. Ihr, wie Millionen ihrer Landsleute, bleibt so die schockartige Erfahrung eines plötzlichen Sprunges vom Holzpflug zur Walzstraße erspart, die eine Ursache der seelischen Verelendung vieler Menschen in der Dritten Welt ist, die gewöhnlich die materielle Verelendung begleitet.

Vor allem ist es den Chinesen gelungen, durch die Bildung des Systems der „Einheit" eine Form gesellschaftlicher Organisation zu schaffen, die einerseits den Notwendigkeiten der Industrialisierung Rechnung trägt, anderseits aber das Leid sozialer Einsamkeit und Orientierungslosigkeit und den Terror permanenter Konkurrenz verhindert, die die Industrialisierung über die Menschen unserer Gesellschaft gebracht hat.

Dennoch wäre es naiv, zu glauben, daß Industrialisierung und Modernisierung in China aufgehört haben, ein Prozeß von Zerstörung und Zwang zu sein. 8 Stunden am Fließband, 6 Tage in der Woche, kein Urlaub, hört eine solche Arbeit für einen chinesischen Bauernjungen auf, Zwang zu sein, selbst wenn er sie im Bewußtsein tut, „dem Aufbau des Sozialismus zu dienen"? Er hat sich im übrigen die Arbeit nicht selbst ausgesucht, sondern ist dazu abkommandiert worden.

Die wunderschöne, aber baufällige Altstadt von Hangzhou wird Zug um Zug abgerissen und mit einförmigen Ziegelhäusern wieder aufgebaut. In den Holzhäusern mit ihren geschnitzten Balken und Gesimsen lassen sich keine sanitären Anlagen verlegen, außerdem braucht man dringend mehr Wohnraum. Verschwinden werden dabei nicht nur ein paar schöne, alte Handwerkerhäuser, sondern auch das intime und lebendige Straßenleben, die Einheit von Wohnung und Arbeitsplatz.

Die Geschichte der neuen „alten" chinesischen Bauernhäuser hat eine Fortsetzung. Traditionell liegt vor ihnen ein weiter, ummauerter Hof, in dem Schweine und Hühner gehalten, Gemüsebeete und Kompost angelegt werden. Er bildet den privaten Lebensraum der Bauernfamilie. Volkswirtschaftlich betrachtet ist er Verschwendung, ein akutes Problem angesichts der Knappheit an bebaubarem Land. Viele Brigaden beginnen daher nach dem Vorbild von Dazhai, Reihenhäuser zu errichten. „Eher bringe ich mich um, bevor ich da einziehe", sagte mir eine Bäuerin in dem Dorf, in dem ich gearbeitet habe. Aber sie wird es müssen. Und wenn nicht sie, dann ihre Kinder. Paare müssen sich bei der Eheschließung verpflichten, dorthin überzusiedeln.

Gemessen an anderen Entwicklungsländern mag China viel für den Umweltschutz tun. Aber der Smog, der normalerweise über Shanghai hängt, hätte bei uns längst eine Heerschar von Bürgerinitiativen auf den Plan gerufen. Dagegen betrachten viele Chinesen auch heute noch rauchende Schornsteine als Symbole gesellschaftlichen Fortschritts.

In den Gebieten um Peking ist der „silent spring" längst traurige Wirklichkeit geworden. Kein Vogelgezwitscher ist dort mehr zu hören, eine Folge der massenhaften Verwendung von Insektiziden.

Einige dieser Probleme sind unvermeidliche Folgeerscheinungen von Industrialisierung und Modernisierung. Bei anderen, die lösbar oder vermeidbar wären, fehlt es nicht am guten Willen, sondern am Geld. Nicht immer entspringen sie allerdings den Zwängen des gesellschaftlichen Umwälzungsprozesses oder der materiellen Knappheit. Wie in anderen Ländern der Dritten Welt ist auch in China die Faszination zu spüren, die der Reichtum und der wirkliche oder scheinbare Glanz der entwickelten Industrienationen auf „unterentwickelte" Gesellschaften ausüben. Die Hinwendung zum Westen seit dem Sturz der „Viererbande", die heute offen eingestandene Bewunderung für die Erfolge westlicher Technologieentwicklung hat diese Faszination nicht geschaffen, sie hat sie nur offen ans Tageslicht treten lassen.

Der Wohnungsbau in chinesischen Großstädten trägt deutlich die Merkmale des Einflusses westlicher Architekturzeitschriften. Das bedeutet, daß jede Neubauwohnung ihren eigenen Balkon haben muß, ungeachtet der Tatsache, daß Chinesen mit ihm nicht das mindeste anfangen können, jedenfalls nicht im Sinne seiner eigentlichen Funktion. Wenn sie die Abendsonne geniessen wollen, gehen sie dazu vor die Haustüre, wo sich mit den Nachbarn ein Schwätzchen halten läßt. Während meines gesamten Aufenthaltes habe ich nie bemerkt, daß sie einem anderen Zweck dienten, als dem, Wäsche aufzuhängen und Gerümpel abzustellen.

Als sich mein Zimmerkollege Du zur Anschaffung eines Fotoapparates entschloß, erbat er sich ausdrücklich meine Begleitung. „Du kommst aus Deutschland, also wirst du wissen, was für ein Modell ich mir kaufen soll. " Meinen Protest tat er als bloße Bescheidenheit ab.

Fataler können die Konsequenzen dort sein, wo westliches Vorbild und die Zwänge eines forcierten Industrialisierungsprozesses als scheinbare „Macht der Sachzwänge" Besitz ergreifen vom Denken „sozialistischer' Betriebsführer. In den Werkhallen chinesischer Textilfabriken stehen in dichtgedrängten Reihen Hunderte von alten Webstühlen. Der Lärm, den sie machen, ist derart ohrenbetäubend, daß wir uns bei Besichtigungen selbst schreiend nicht verständigen konnten. „Warum", so fragten wir die Kader einer solchen Fabrik, „setzt man die Arbeiterinnen in diesen Hallen 8 Stunden am Tag diesem gesundheitsgefährdenden Lärm aus? Warum läßt man sie nicht nach 4 Stunden an einen ruhigeren Arbeitsplatz wechseln?" „Oh, sie haben sich daran gewöhnt", erhielten wir zur Anwort. Im übrigen wäre es „ineffizient", würde die Produktivität darunter leiden, weil diese Arbeiterinnen über die Geschicklichkeit einer langjährigen Praxis verfügten. Ein Unternehmer des 19. Jahrhunderts hätte vermutlich die gleiche Antwort gegeben.

Beim Besuch einer vorwiegend für den Export arbeitenden Glasfabrik zusammen mit deutschen Glasindustriellen, machte mich einer von ihnen darauf aufmerksam, daß die Verarbeitung einer dort verwendeten Sorte von weißem Glas in fast allen europäischen Ländern verboten sei. Es sei anerkanntermaßen hochgradig kanzerogen. Auf meine diesbezügliche Frage an die begleitenden Kader wurde mir heftig widersprochen. Das Glas sei unschädlich, man habe Untersuchungen angestellt. Der Glasexperte ließ sich von einem Techniker die Formel sagen, und da er ein Geschäftsmann war, lächelte er wissend und schwieg.

Industrielle Umgestaltung einer Gesellschaft ist ein Zwangsprozeß. Es ist sicher eine der größten Leistungen des chinesischen Sozialismus, viele ihrer katastrophalen Begleit- und Folgeerscheinungen, wie Unterernährung, Massenarbeitslosigkeit und Landflucht aufgefangen oder wenigstens gemildert zu haben. Aber man darf sich keinen Illusionen darüber hingeben, daß auch dies wesentlich auf der Basis von Zwang geschieht. Viele junge Chinesen würden liebend gerne die Öde und Rückständigkeit ihrer entlegenen Dörfer mit einem Leben in der Stadt vertauschen. Die Kommunistische Partei unternimmt viel, um Landflucht überflüssig zu machen. Aber alle Maßnahmen gründen sich auf ein striktes Verbot, nach eigenen Wünschen den Wohnort zu wechseln und einer nahezu totalen Zugangssperre für die großen Städte.

Wir haben uns hier empört über die brutalen Maßnahmen der indischen Regierung unter Indira Gandhi zur Durchsetzung der Geburtenkontrolle. Natürlich sind die chinesischen nicht damit zu vergleichen. Auch auf dem Gebiet der Geburtenkontrolle beruht die chinesische Politik in erster Linie auf dem Druck von Überredung und Aufklärung. Aber die Neigung, solange Kinder in die Welt zu setzen, bis wenigstens ein Sohn dabei ist, ist ein schwer ausrottbares Erbe der Feudalzeit. Auf der anderen Seite ist es für eine chinesische Bauernfamilie auch heute nicht gleichgültig, ob sie Söhne oder Töchter hat. Die Altersversorgung auf dem Lande beruht immer noch zum größten Teil auf dem Familieneinkommen, und da Männer in der Regel physisch leistungsfähiger sind als Frauen, erhalten sie auch mehr Arbeitspunkte und damit ein höheres Einkommen. Da einerseits ideologische Beeinflußung häufig nicht ausreicht, und die materiellen Möglichkeiten einer familienunabhängigen Altersversorgung auf dem Lande andererseits noch nicht vorhanden sind, bleibt auch hier nur der Zwang als letztes Mittel. Für ein viertes Kind gibt es in den

Städten keine zusätzlichen Lebensmittelkarten, die Familie wird bei der Wohnungsbeschaffung benachteiligt und verstärkt ideologisch „beeinflußt". Auch für Chinesen bringt der Zwang, sich erst spät verheiraten zu dürfen, nicht selten Probleme und psychisches Leid mit sich, und uneheliche Mütter sehen sich enormem Druck von Seiten der „Einheit" ausgesetzt, wenn sie sich weigern, das ungeborene Kind abtreiben zu lassen.

Freiheit der Berufswahl gibt es in China nicht und kann es im Interesse einer raschen und planmäßigen gesellschaftlichen und ökonomischen Entwicklung auch nicht geben. Ist das ein Trost für die zahlreichen chinesischen Studenten, die ich getroffen habe, die fleißig, aber unglücklich Fremdsprachen büffelten, während sie von einem Biologie- oder Physikstudium träumten?

Dahinter stehen oft bürokratische Fehlentscheidungen oder Nachlässigkeiten. Aber die ihnen zugrundeliegenden Prinzipien sind struktureller Art, Teil des „Systems".

Wer darin den Beweis für die „Unmenschlichkeit" des chinesischen Sozialismus sieht, China zum „Archipel Gulag" erklärt, hat ein gestörtes Verhältnis zu Geschichte und Wirklichkeit. Nicht weniger gilt das für diejenigen, die meinen, China löse seine Entwicklungsprobleme mit Hilfe rationaler Diskussion zwischen oben und unten, auf der Grundlage von sanfter Erziehung und Massendemokratie.

Armut, Bürokratismus, „Personenkult" und die Allmacht der Partei sind ebenso integrale Bestandteile des chinesischen Systems, wie seine ökonomischen Erfolge, die materielle und soziale Fürsorge, das nationale und gesellschaftliche Selbstbewußtsein der „Massen". Wir sollten damit aufhören, uns nur das Stück aus dem Kuchen herauszuschneiden, das uns am besten schmeckt.

Bedeutet das, daß wir aufhören müssen, Urteile zu fällen, weil es unsinnig ist, die chinesische Wirklichkeit in positiv und negativ einzuteilen?

Vor einiger Zeit ging ein Foto durch die westliche Presse, im Zusammenhang mit einer Welle spekulativer Nachrichten über angebliche Hinrichtungen großen Ausmaßes in China. Zu sehen waren drei Männer, verurteilt wegen Raubes, die auf Lastwägen durch die Straßen gekarrt und der Menge zur Schau gestellt wurden. So war denn auch in einigen Zeitungen zu lesen, daß diese Männer zur Hinrichtung geführt würden, obwohl aus der Beschriftung der Schilder, die sie um den Hals trugen, das Strafmaß klar hervorging: drei Jahre Arbeitslager.

Man sieht, wie reibungslos die journalistische Sorgfaltspflicht hier durch das Raster etablierter Vorurteile rutscht. Dieses Bild, das eine ganze Geschichte erzählt und eine ganze Erklärung verlangt, verkommt zur wohlfeilen Illustration dessen, was schon längst feststeht: Der Brutalität eines kommunistischen „Regimes".

Ist es damit getan, diese Fehlinformation richtigzustellen? Genügt es, darauf hinzuweisen, daß Todesurteile in China relativ selten ausgesprochen und noch seltener wirklich vollzogen werden?

Ich lasse mir meinen Abscheu vor diesem Relikt eines feudalen Strafvollzuges nicht nehmen. Ich habe solche Zurschaustellungen in China mehrfach gesehen. Und es hat mich jedesmal gewürgt, wenn ich auf eine dieser Kolonnen gestoßen bin, vornweg ein Lautsprecherwagen, der die Verurteilten gellend und unflätig beschimpfte, dahinter die Delinquenten mit gebeugten Köpfen, auf den Rücken gebundenen Armen und stumpfen Gesichtern. Sie trugen Schilder mit ihrem Namen um den Hals, aus ihrem Munde rann der Speichel, und ringsherum die gaffende Menge und Horden von Kindern, die dem Lastwagen hinterherrannten.

Aber ich weiß auch, daß nur wenige Chinesen meinen Widerwillen gegen dieses Spektakel verstehen oder gar teilen. Und möglicherweise hatte ein chinesischer Bekannter recht, der meinte, es sei für die Betroffenen weniger grausam, als wir Ausländer annahmen. Sollen wir uns damit beruhigen?

Müssen wir diese Aspekte chinesischer Wirklichkeit verschweigen, aus Furcht, irgendwelchen „Chinafeinden" in die Hände zu arbeiten? Wenn wir das tun, haben wir sie im Grunde schon akzeptiert. Wir setzen dann einfach ihren Vorurteilen die unseren entgegen. Der Wirklichkeit Chinas kommen wir auf diese Weise nicht näher.

4. Backsteine und Chinakohl

Zu Beginn meines Aufenthaltes in Peking stieß ich bei meinen spätherbstlichen Erkundungsfahrten überall auf große Haufen von Backsteinen und Chinakohl am Rande der breiten Gehsteige.

Der Chinakohl verschwand im Verlauf einiger Tage von den Gehwegen und verbreitete sich im wahrsten Sinne des Wortes über die ganze Stadt. Wie gewaltige blaßgrüne Hagelkörner bedeckte er Toreingänge, Balkone, Fensterbretter, sogar Hausdächer – ausgelegt zum Trocknen. Eine Woche später verschwand er auch von dort. Er wurde in Mieten eingelagert, die die Bewohner der Stadt in den Höfen der traditionellen Häuser oder auf den Freiflächen zwischen den Neubauten ausgehoben hatten, so wie bei uns in früheren Zeiten Bauern Kartoffeln und Rüben über Winter eingemietet haben. Hier geschah es wohlgemerkt inmitten der Millionenstadt Peking – Vorsorge für den strengen nordchinesischen Winter, wo an Frischgemüse nicht zu denken ist.

Mit den Backsteinen ging es langsamer. Manche haben sich während der ganzen zwei Jahre meines Aufenthaltes nicht von der Stelle bewegt. Im Prinzip dienten sie dazu, Häuser zu bauen. Vor allem aber Mauern um die Häuser, hohe, unüberschaubare Mauern, manchmal mit Glasscherben oder Stacheldraht obenauf. Hinter diesen Mauern mögen sich Fabriken, Schulen oder Wohnviertel verbergen – was sie einschließen und wovon sie den unbefugten Betrachter ausschließen, ist in jedem Fall eine „Einheit", die Basisorganisation der chinesischen Gesellschaft.

Natürlich stehen nur in meiner Erinnerung Chinakohl und Backsteine in einem unmittelbaren Zusammenhang. Aber sie symbolisieren tatsächlich zwei grundlegende Aspekte des chinesischen Alltags: das Leben in den ländlichen, bäuerlichen Traditionen und das Leben im politisch gesellschaftlichen System der „Einheit".

Die Familie

Großfamilie und Kleinfamilie

Auch heute noch wird China beherrscht von der Macht des Landes, und auch der Alltag in der Stadt ist geprägt von bäuerlichen Lebensformen. Noch immer wird der Tagesrhythmus und der Speisezettel diktiert vom Wechsel der Jahreszeiten, noch immer haben die alten Viertel chinesischer Städte ihren dörflichen Charakter bewahrt – Gemüsebeete in den Innenhöfen, Enten und Hühner vor den Hauseingängen. Im Winter um acht, im Sommer um zehn Uhr abends versinkt Peking in Dunkelheit und Ruhe; Läden und Gaststätten sind längst geschlossen, der Strom der Fahrräder versiegt, wenig anders als in den umliegenden Dörfern.

Es gibt kaum eine chinesische Familie in den Städten, die sich nicht ihrer bäuerlichen Vergangenheit erinnert und die nicht einige nahe Verwandte auf dem Lande hat. Und dort versammelt sich zum traditionellen Frühjahrsfest die ganze Sippe, beladen mit Geschenken aus der Großstadt, frißt und säuft, spielt Karten und bespricht die familiären und politischen Neuigkeiten des zurückliegenden Jahres. Dieses alljährliche Zurück-aufs-Dorf bringt das chinesische Transportwesen jedesmal an den Rand des Zusammenbruchs. Schon eine Woche vorher mehrten sich unter unseren chinesischen Kommilitonen die Meldungen über plötzliche Erkrankungen naher Familienmitglieder, einer der wenigen Fälle, in denen die „Einheit" Heimaturlaub gewährt.

Es hat in den Jahren nach der Kulturrevolution Versuche gegeben, die „Verschwendungssucht", der man bei diesem Familienfest huldigt, einzuschränken und ein karges „sozialistisches" Frühlingsfest zu propagieren. Das hat nicht wenig zum Ingrimm der Bevölkerung gegen die „Viererbande" beigetragen. Eine der ersten Maßnahmen der neuen Führung unter Hua Guofeng war daher, dafür zu sorgen, daß die Warenlager zum Frühjahrsfest gefüllt wurden, auch wenn es mit den Berichten über die katastrophale wirtschaftliche Lage nicht so recht in Einklang zu bringen war.

Die immer noch intakten engen Beziehungen innerhalb der Großfamilie sind vielleicht das wichtigste Erbe der traditionellen bäuerlichen Lebensformen, das das moderne China bis heute bewahrt hat. Wie im vorindustriellen Europa war im alten China der Clan, die Sippe, die Basisorganisation der Gesellschaft. Streng patriarchalisch und hierarchisch organisiert und nach den konfuzianischen Normen von Abhängigkeit und Gehorsam gegliedert, unterdrückte und schützte sie ihre Mitglieder in gleicher Weise. Sie verlangte die unbedingte Unterordnung der Jüngeren unter die Älteren, der Frau unter den Mann, der Schwiegertochter unter der Schwiegermutter. Das Sippenoberhaupt war innerhalb der Familie zugleich Repräsentant des Staates und andererseits der Obrigkeit gegenüber verantwortlich für das soziale und moralische Wohlverhalten der Sippenmitglieder. Seine Strafgewalt war wenig beschränkt; ein Familienvater, der ein ungehorsames Kind zu Tode prügelte, ging im kaiserlichen China in der Regel straffrei aus. Auf der anderen Seite jedoch gewährte die Sippe ihren Mitgliedern Schutz und soziale Fürsorge, im Idealfall jedenfalls.

Die chinesische Revolution hat diese Strukturen wesentlich verändert. Sie erzwang die legale und mehr und mehr auch praktische Gleichstellung von Mann und Frau, sie nahm den Clanshäuptern ihre quasi richterliche Gewalt, sie erlöste die Kinder vom Zwang, sich nach den Wünschen der Eltern verheiraten zu müssen. Gründlicher allerdings und umwälzender als die politischrechtlichen Maßnahmen beginnt sich der Industrialisierungsprozeß auf die Organisation der chinesischen Großfamilie auszuwirken. Die durch ihn ausgelöste Veränderung der Arbeitsformen und der Arbeitsteilung entzieht der Großfamilie zunehmend ihre sozialen und wirtschaftlichen Funktionen. Es ist einleuchtend, daß dieser Zersetzungsprozeß in den Städten schneller voranschreitet als auf dem Land, aber ich halte es nur für eine Frage der Zeit, bis sich auch dort die Kernfamilie als Regelfall durchgesetzt haben wird, wie es in den Zentren schon heute der Fall ist.

Die Veränderung der Stadtarchitektur bringt diesen Prozeß augenscheinlich zum Ausdruck und beschleunigt ihn zugleich. Die grauen, ebenerdigen Häuser mit ihren Innenhöfen in den Altstadtvierteln Pekings mögen nach unseren Begriffen hoffnungslos „überbelegt" sein, aber sie sind konzipiert für das Zusammenwohnen mehrerer Generationen unter einem Dach und sie sind erfüllt von familiärem Leben. Die Neubauviertel am Rande der Stadt sind zwar noch immer „schmutziger" und fröhlicher als unsere Trabantenstädte, es fehlt ihnen die Atmosphäre hygienischer Grausamkeit, aber hier wie dort überfiel mich das vertraute Gefühl allgegenwärtiger Fremdheit. Die Wohnungsparzellen sind konstruiert für „Ein"-familien und lassen keinen Raum mehr für die intime Öffentlichkeit der Großfamilie.

Die Zerstörung der Großfamilie scheint eine der unabänderlichen Begleiterscheinungen des Industrialisierungsprozesses zu sein, egal, unter welchen politischen Voraussetzungen er sich vollzieht. Während jedoch die Kleinfamilie bei uns zur letzten Zufluchtsstätte vor der Erfahrung gesellschaftlicher Isolation, von Anonymität und Angst außerhalb der „eigenen vier Wände" geworden ist, scheint mir in China dieser Gegensatz von privater Zweisamkeit und gesellschaftlicher Einsamkeit nach wie vor kaum zu existieren. Es gibt eine Kombination von Ursachen dafür. Zwei davon finde ich auffällig. Die eine ist die Organisation der Arbeit und des alltäglichen Lebens in der „Einheit". Sie hat viele Funktionen der früheren Großfamilie übernommen, die hierzulande zur Beute undurchdringlicher staatlicher Bürokratien geworden sind, zum Beispiel Erziehung und Ausbildung, soziale Betreuung und soziale Kontrolle. Wie die Großfamilie schafft sie, wenn auch in veränderter Form, einen kollektiven Lebensraum, der einigermaßen überschaubar bleibt und dessen Spielregeln jeder kennt. Die zweite Ursache ist, daß sich innerhalb der chinesischen

Gesellschaft viele Strukturen, vor allem aber die emotionalen Bindungen der Großfamilie bewahrt haben.

Daß die gesamte Familie, inklusive Großeltern, Onkel und Tanten etc. Einfluß auf wichtige Lebensentscheidungen nimmt, ist für Chinesen immer noch selbstverständlich, wenn auch nicht immer angenehm. Dafür, daß eine Chinesin nicht unter 24 Jahren heiratet, sorgt die „Einheit". Dafür, daß sie anschließend nicht zu lange damit wartet, sorgt die Familie. Einer Bekannten, die mit 28 Jahren noch immer keine Neigung zeigt, sich zu verehelichen, rückte der gesamte Clan auf den Hals. Drei Anwärter hatte man ihr bereits „vorgestellt", das auch heute noch in China übliche Verfahren, eine Ehe anzubahnen. Alle drei hatte sie abgelehnt. Schließlich begann die in Panik geratene Familie, sie derart zu drangsalieren, daß sie bereit war, den nächsten, den ihr die Familie präsentieren würde, zu nehmen, bloß um ihre Ruhe zu haben.

Obwohl sie nach dem Gesetz in ihrer Wahl frei sind, werden wenige Chinesen es wagen, einen Ehepartner zu wählen, der der Familie, insbesondere den Eltern, mißfällt. Der bange Moment, wo der „dui xiang", der oder die Verlobte, den zukünftigen Schwiegereltern vorgestellt wird, ist ein wichtiger Augenblick im Leben junger Chinesen. In einem Ritual freundlicher Fragen nach dem Wohlergehen der eigenen Eltern, den Lieblingsspeisen und der täglichen Arbeit wird er einer gnadenlosen Musterung unterzogen und ein anschließend gefälltes Urteil: Er/sie paßt nicht zu uns, kann heute noch dem zukünftigen Eheglück ein schmerzhaftes Ende setzen.

Ich war erstaunt zu erfahren, daß sich solche Widerstände oft weniger gegen die Person des zukünftigen Ehepartners richten, als gegen seine familiäre Herkunft. Daß sich gleich zu gleich gesellt, ist auch in China ein Prinzip, an dem der gesellschaftlich erwünschte Egalitarismus oft genug scheitert. Die Tochter eines sehr hohen Parteifunktionärs, die in meiner „Einheit" studierte, gab auf den sanften Druck der Familie die Liebelei mit einem Arbeiter auf und verlobte sich mit dem Sohn einer anderen Funktionärsfamilie. Nicht nur zwischen oben und unten bestehen solche Barrieren. Die Verschickung zahlreicher städtischer Jugendlicher mit abgeschlossener Schulausbildung aufs Land, wie sie in den Jahren nach der Kulturrevolution praktiziert wurde, hat nach meinen Beobachtungen nur sehr selten zu Ehen zwischen Stadt- und Landkindern geführt, obwohl sie offiziell propagiert wurden. Auch hier bleibt man lieber unter sich.

Gerade die engen Beziehungen innerhalb der Sippen sind ein Grund dafür. Die familiäre Beziehung zu einem hohen Funktionär mag Vorteile mit sich bringen, aber die Schwiegereltern vom Lande würden sich in seinem Kreis nicht wohlfühlen, die Homogenität der familiären Bindungen wäre gestört, das ist ausschlaggebend.

Auf der anderen Seite spielen innerhalb der Familienbeziehungen Entfernung und Zeit kaum eine Rolle. Unter uns ausländischen Studenten war eine junge Französin. Sie war Halbchinesin, ihre Mutter war in Peking geboren. Nie zuvor war sie in China gewesen, und ihr Chinesisch war jämmerlich. Und doch wurde sie von der Familie ihrer Tante, die noch in Peking lebte, sofort als vollgültiges Familienmitglied aufgenommen, als sei sie nur „zurückgekehrt". Sie erhielt als Tante Nr. 3 ihren Platz in der Familienhierarchie, wurde in Dingen um Rat gefragt, von denen sie nichts verstand, und ihr wurde in Dingen Rat erteilt, wo sie ihn vermutlich nicht einmal von ihren eigenen Eltern akzeptiert hätte. Die Selbstverständlichkeit und Intensität dieser „Besitzergreifung" war für sie so ungewohnt und überraschend, daß sie binnen kurzer Zeit in eine Identitätskrise geriet und nicht mehr wußte, wohin sie eigentlich gehörte.

Familiäre Traditionen und gesellschaftliche Ziele

Die Partei respektiert gewöhnlich diese starken gefühlsmäßigen Bindungen. Ein kanadischer Auslandschinese, der mit mir in Peking studierte, bekam ohne größere Schwierigkeiten die Erlaubnis, einige Wochen in einem entlegenen Dorf der Provinz Sichuan zu verbringen, zu einer Zeit, als die Provinz für Ausländer noch absolut unzugänglich war, bloß weil dort einige Verwandte seiner Familie lebten, die er in seinem Leben noch nie gesehen hatte. Die Trennung von den Eltern oder Großeltern, etwa durch berufsbedingte Versetzungen, gewährt auch verheirateten Chinesen den Anspruch auf zwei bis drei Wochen Urlaub im Jahr, den es sonst in China nicht gibt.

Die Familien der früheren Großgrundbesitzer sind auch heute noch in ihren bürgerlichen Rechten beschränkt und werden von ihrer „Einheit" überwacht. Für die Kinder dieser Familien kann das enormen sozialen Druck mit sich bringen. Sie werden zu Außenseitern, man begegnet ihnen mit Mißtrauen und Vorsicht. Das erscheint grausam und unbegründet; seit der Befreiung sind ja immerhin 30 Jahre vergangen und für die Stabilität des politischen Systems stellen diese Leute kaum mehr eine Bedrohung dar. Aber noch heute gehen die Chinesen davon aus, daß sich der ideologische Einfluß des Elternhauses als mächtiger erweisen wird als die politische Erziehung durch Schule und „Einheit". Auf der anderen Seite kam selbst während der heißesten Phase der „Bodenreform" zwischen 1948 und 1951, als sich der Haß der Bauern gegen die Grundherren in Mord und Totschlag entlud, niemand auf die Idee, diese Kinder ihren Eltern wegzunehmen und ihre Erziehung etwa dem Staat oder dem Kollektiv anzuvertrauen. Das Stigma der sozialen Ächtung scheint für Chinesen noch immer leichter zu ertragen als das Wegreißen von der Familie.

Versuche der Partei, solche Bindungen unter Berufung auf das „sozialistische Bewußtsein" der Betroffenen zu mißachten, haben in der Vergangenheit immer zu Fehlschlägen geführt. Wenige chinesische Jugendliche sehnen den Tag herbei, an dem sie „endlich" das Elternhaus verlassen, sich „auf die eigenen Füße stellen" können. Daran ist auch die mit großem propagandistischem Aufwand betriebene Politik gescheitert, Jugendliche nach Abschluß ihrer Schulausbildung in möglichst entlegene und rückständige Gebiete Chinas zu schicken. Nicht in erster Linie die extrem harten Lebensbedingungen und die oft skandalös schlechte Vorbereitung, als vielmehr die plötzliche Trennung vom Elternhaus trieb nicht wenige dieser jungen Leute zur Verzweiflung, ja sogar in den Selbstmord, oder ließ sie in die Heimatstädte zurückflüchten, wo sie zu einem Potential der Jugendkriminalität wurden. Heute arbeiten Jugendliche gewöhnlich in Volkskommunen im Umkreis der Herkunftsstädte, so daß sie wöchentlich oder monatlich nach Hause zurückkehren können.

Schon hier deutet sich an, wie sehr die familiären Traditionen und Wünsche mit den gesellschaftlichen Zielen in Konflikt geraten können. Besonders auf dem Land leisten viele der alten Gebräuche einen zähen Widerstand gegen die „Modernisierung" der gesellschaftlichen Normen, vor allem dann, wenn sie für die Betroffenen mit materiellen Vorteilen verbunden sind. Vor kurzem beschwerte sich ein junger Bauer in der Provinz Zhe jiang in einem Leserbrief an die Provinzzeitung, daß er an seine Verlobte und deren Familie mehr als 1500 yuan in Form von Geschenken und Bargeld hätte zahlen müssen, um schließlich ihr Einverständnis zur Ehe zu erhalten. Eine enorme Summe, etwa das doppelte Jahreseinkommen einer Bauernfamilie. Sein Brief löste eine Flut von Berichten aus der ganzen Provinz über ähnliche oder noch krassere Fälle aus. *„Aus dem Kreis Shang yu kam ein Brief, in dem zu lesen war, daß dort ein junger Mann, dessen Familie an sich schon mit wirtschaftlichen Schwierigkeiten zu kämpfen hatte, ein Mutterschwein und einige noch nicht ausgewachsene Schweine verkaufte und sich zusätzlich links und rechts Geld borgte, nur um das ‚Heiratsgeld' und die Heiratsgeschenke zusammenzukratzen, die die Familie seiner Verlobten von ihm verlangte. Erst nach der Hochzeit erfuhr er, daß seine Frau zu ähnlich hohen Preisen bereits dreimal vorher zum Verkauf angeboten worden war. Da reute ihn die Sache derart, daß er die ganze Liebe zu seiner Frau verlor und sich schließlich umbrachte, indem er Färbemittel schluckte. Ein paar Monate nach seinem Tod verkauften die älteren Brüder die Frau auf gleiche Weise wieder an einen anderen Mann."* (9)

Familie Liu auf dem Land und Familie Jiang in der Stadt

Ein Extremfall, gewiß. Aber in der Bauernfamilie, bei der ich einige Zeit gewohnt habe, um im Rahmen meines Studiums an körperlicher Arbeit auf dem Feld teilzunehmen, ließen sich die Männer, in diesem Fall der Vater und der 14-jährige Sohn, ganz selbstverständlich das Essen in der „guten Stube" servieren, während die Frauen, die Mutter und zwei ausgewachsene Töchter, sich anschließend in der Küche über den Rest hermachten. Die Hausarbeit besorgte ebenso selbstverständlich ausschließlich die Frau, schweigsam und scheu, gelegentlich assistiert von den beiden Töchtern. An der Feldarbeit hatte sie nie teilnehmen können; sie war noch zu einer Zeit geboren worden, in der man kleinen Mädchen die Füße verkrüppelte und es kostete sie Mühe, mit ihren „eingebundenen" Füßen auch nur aus dem Hoftor zu humpeln.

Mehr als aus Extremfällen, wie aus dem oben geschilderten, habe ich an dieser einfachen Bauernfamilie über die Konflikte und Widersprüchlichkeiten der gesellschaftlichen und industriellen Revolution gelernt, die China gegenwärtig durchmacht.

Er war ein Kauz, der alte Bauer. Eher mißlaunig, als liebenswürdig, wortkarg schon deshalb, weil er nur mehr zwei Zähne im Mund hatte – er weigerte sich, zum Zahnarzt zu gehen, das war ihm unheimlich, außerdem war es teuer und es ging auch so. Er tyrannisierte seine Familie durch gelegentliche Wutausbrüche, bei denen er eine Flut kaum verständlicher Schimpfworte und Flüche ausspie. Keiner wagte ihm zu widersprechen; selbst der 14-jährige Sohn, der sich gelegentlich, seiner besonderen Stellung bewußt, lautstark mit seiner Mutter herumzankte, duckte sich. Auf der anderen Seiten war der Alte Parteimitglied, über Jahre hinweg war er „Modellarbeiter" seiner Brigade gewesen. Er hatte sich als erwachsener Mann selbst das Lesen und Schreiben beigebracht und genoß großes Ansehen im Dorf. Er war 66, auch heute noch ein hohes Alter für einen chinesischen Bauern, und er hatte das von Entbehrung und harter, eintöniger Arbeit geschlagene Gesicht, das ihn aussehen ließ wie einen Achtzigjährigen. Zu alt, um auf dem Feld zu arbeiten, überwachte er freiwillig den Gemüseanbau der Brigade. Er war ein geschickter Gärtner. Er tat das, weil er ein Bauer war, der nicht gelernt hatte, untätig zu sein, und er tat es auch für den „Aufbau des Sozialismus". Den „neuen Dingen", verkörpert in den Traktoren und anderen Maschinen der Brigade, stand er mit einer Art magischer Bewunderung gegenüber, die in Schrecken umschlug, wenn sie ihm zu nahe rückten. Sehr zum Verdruß seiner Kinder verweigerte er die Anschaffung eines Transistorradios; dergleichen „Teufelszeug" käme ihm nicht ins Haus. In den 50-er Jahren war er einmal kurz im 80 km entfernten Peking gewesen, seither nie mehr. Das Leben der Großstadt hatte ihn eingeschüchtert und entsetzt.

Die beiden Töchter, 23 und 20 Jahre alt, schienen auf den ersten Blick in Aussehen und Benehmen zum Verwechseln ähnlich. Beide hatten sie die breiten, lustigen Gesichter chinesischer Bauernmädchen, und mit ihrem ständigen Gekicher und Getuschel wirkten sie mehr wie 15-jährige Backfische, denn wie ausgewachsene Frauen. Ein Verhalten übrigens, das bei unverheirateten Chinesinnen auch über 20 häufig ist, und ich war oft überrascht, welch ein ausgeprägtes Selbstbewußtsein sich gewöhnlich dahinter verbirgt. Aber bei näherem Kennenlernen stellten sie sich als recht verschieden heraus. Die Ältere arbeitete auf dem Feld. Sie hatte nur die Grundschule absolviert, für die Mittelschule war sie, wie sie mir erklärte, „zu dumm". Da sie ein Mädchen war, hatte wohl auch niemand versucht, sie vom Gegenteil zu überzeugen. Sie schien zufrieden mit einem Leben in den Grenzen des Dorfes, tat klaglos ihre Arbeit und bereitete sich auf ein Leben vor, das von dem ihrer Eltern wenig verschieden sein wird. Ihre jüngere Schwester dagegen hatte die untere Mittelschule besucht und arbeitete in der brigadeeigenen „Fabrik", eher einer Werkstatt, wo sie acht Stunden am Tag Löcher in die Sohlen von Plastiksandalen stanzte. Diese Arbeit, die sicherlich weniger Übung und handwerkliches Geschick verlangt als das Setzen von Reispflanzen, gab ihr ein verändertes Selbstgefühl und ein höheres Prestige: Sie war eine Arbeiterin, keine Bäuerin mehr. Sie wollte fort aus dem Dorf in die Stadt, von der sie nur vage Vorstellungen hatte. Sie befragte mich bei jeder sich bietenden Gelegenheit über das Leben in Peking und zeigte mir stolz ihre „städtische" Kleidung, die sie von ihren Ersparnissen gekauft hatte. Und sie schimpfte über ihren Vater – freilich nur, wenn er sie nicht hören konnte.

Sie wird wenig Chancen haben, ihren Traum zu verwirklichen. Nach eigenen Wünschen den Wohnort zu wechseln, ist in China nicht erlaubt, und für die großen Städte besteht eine fast totale Zuzugssperre – eine Maßnahme gegen die Landflucht. Aber allein die Vorstellung, Dorf und Familie zu verlassen, wäre für die Generation ihrer Mutter eher schrecklich als angenehm gewesen.

Der Sohn träumte davon, Mechaniker zu werden, und er ließ sich nur unwillig vom Vater in die Arbeit an den Gemüsebeeten einspannen, die dieser im ummauerten Hof angelegt hatte. Er hatte gewisse Aussichten, sein Ziel zu erreichen. Als einziger Sohn und Augapfel der Familie durfte er eine höhere Schulausbildung absolvieren.

So bildeten sie vielleicht nicht gerade das, was die offizielle Propaganda unter einer „sozialistischen Modellfamilie" versteht. Aber sie waren auf eine wenig spektakuläre Weise ein modellhaftes Abbild der Spannungen und Widersprüche des gewaltigen gesellschaftlichen Umwälzungsprozesses ihres Lan-

des, dessen Träger und Opfer zugleich sie halb bewußt, halb unbewußt geworden sind.

Und dennoch: Als sich die Familie zum gemeinschaftlichen Erinnerungsfoto stellte, die beiden Alten im Sonntagsstaat auf Stühlen, die Kinder dahinter aufgereiht, da ergab sich eine Art der Zusammengehörigkeit, von der soviel unbewußter Stolz und soviel Wärme ausging, daß mir zum Heulen war. Und ich mußte ihnen versprechen, genügend Abzüge zu schicken, damit auch der Rest der weitverzweigten Sippe an diesem Ereignis teilhaben konnte.

Die Veränderung der Familienstruktur in den Städten und industriellen Zentren ist bereits einen Schritt weitergegangen. Aber auch dort haben sich die gefühlsmäßigen Bindungen zwischen den Generationen und innerhalb der früheren Großfamilie als erstaunlich widerstandsfähig erwiesen. Zum Teil mag es damit zusammenhängen, daß China nach wie vor keine „mobile" Gesellschaft ist. Die Mitglieder einer Sippe mögen in verschiedenen „Einheiten" wohnen und arbeiten, aber die Selbstverständlichkeit, mit der wir Tätigkeiten, Arbeitsplatz und Wohnort zu wechseln gewohnt sind, ist den Chinesen fremd.

Verändert hat sich vor allem die traditionelle Arbeitsteilung zwischen Mann und Frau innerhalb der Familie. Ausdruck dieses Wandels sind nicht die zahlreichen Väter, die ihre Babies spazierentragen oder -fahren. Solche Tätigkeiten waren auch im alten China durchaus mit der Würde des Mannes vereinbar. Aber der Stolz, mit dem mir Genosse Zhang, ein Ingenieur aus dem Stahlwerk Anshan, bei jeder Gelegenheit erzählte, daß er nicht nur besser kochen könne, sondern auch im Umgang mit der Nähmaschine geschickter sei als seine Frau, wäre bei den meisten Chinesen der älteren Generation unvorstellbar.

Die Partei propagiert die Mitarbeit des Mannes im Haushalt. Aber der Entwicklung des „sozialistischen Bewußtseins" des Genossen Zhang dürfte die Tatsache zu Hilfe gekommen sein, daß seine Frau häufig durch berufliche und politische Aktivitäten bis spät in die Nacht in ihrer „Einheit" festgehalten wurde. Er hätte hungrig zu Bett und mit zerrissenen Hosen zur Arbeit gehen müssen, wenn er die Sache nicht selbst in die Hand genommen hätte.

Diese Veränderung wird nicht so sehr dadurch ausgelöst, daß in China heute gewöhnlich beide Ehepartner berufstätig sind. Auch in chinesischen Bauernfamilien war es seit jeher selbstverständlich, daß Mann und Frau gleichermaßen in der Produktion arbeiteten. Nur wohlhabendere Familien konnten sich eine „Haus"-frau leisten. Sie wird eher dadurch verursacht, daß industrielle Arbeit einen anderen Rhythmus und eine andere Kontinuität verlangt, als bäuerliche Arbeit, und daß sie eine viel ausgeprägtere Trennung von Wohnung und Arbeitsplatz erzwingt. Eine chinesische Bäuerin kann auch heute noch eben mal vom Reisfeld an den häuslichen Herd zurückkehren, um Mann und Kinder zu versorgen und sie kann sich während der Wintermonate, wo die Feldarbeit ruht, ausgiebig an die Nähmaschine setzen. Eine Arbeiterin kann das nicht.

Ich erinnere mich gerne an Frau Jiang, eine Arbeiterin in einer Pekinger Textilfabrik, an deren Seite ich 14 Tage lang gearbeitet habe. Eine liebe, mütterliche Frau um die Vierzig, verheiratet, zwei Kinder. Ihr Mann war Lastwagenfahrer in einem anderen Betrieb, was bedeutete, daß sie keinen gemeinsamen freien Tag hatten. Aus organisatorischen und verkehrstechnischen Gründen legt die Stadt Peking für jedes Unternehmen einen anderen freien Tag in der Woche fest, eine sicherlich sinnvolle Maßnahme, die aber in Fällen wie diesem recht schmerzvoll sein kann. Da ihre Wohnung überdies mehr als eine Stunde Fahrtweg von der Fabrik entfernt war, und sie häufig durch Überstunden oder durch soziale und politische Aktivitäten nach Dienstschluß im Betrieb festgehalten wurde, sah sie ihn nur wenig. Die Kinder lebten bei der Großmutter, nur an ihrem freien Tag bekam sie sie zu Gesicht. Für gemeinsame familiäre Unternehmungen blieben die nationalen Feiertage, fünf bis sechs Tage im Jahr, mehr nicht. „Natürlich, es wäre schön, Mann und Kinder öfter zu sehen", meinte sie auf meine diesbezügliche Frage. Sie liebte ihren Mann, sprach von ihm mit Wärme, und sie liebte vor allem ihre Kinder, über deren schulische Erfolge sie viel und mit strahlendem Stolz erzählte. Und sie machte keinen unglücklichen Eindruck.

Ich weiß nicht, wieviele Ehen in Deutschland einer derartigen Belastung standhalten würden. In China heiratet man fürs Leben, Scheidungen sind außerordentlich selten und nicht nur deshalb, weil sie so schwierig sind. Natürlich sind nicht alle Arbeiterfamilien in der gleichen ungünstigen Lage wie der von Frau Jiang. Aber auch sie hatte nicht das Gefühl, ihr Lebensglück auf dem Altar des „sozialistischen Aufbaus" geopfert zu haben.

Es ist ein scheinbares Paradoxon, daß in China, wo die familiären Beziehungen um so viel enger und wichtiger sind als hierzulande, die Menschen mit solchen Situationen um vieles besser fertig werden, als es bei uns der Fall wäre. Um es aufzulösen, muß ich auf etwas zurückgreifen, das ich am Anfang gesagt habe. Ehe und Familie sind nicht, wie bei uns, in erster Linie ein Schutz gegen eine soziale Umwelt, die überwiegend als fremd und feindselig empfunden wird. Chinesen verfügen über soziale Institutionen, die ihnen über die Kleinfamilie hinaus das ständige Gefühl von Geborgenheit und Orientierung vermitteln, und mit denen sie sich identifizieren können: die Sippe und vor allem die „Einheit". Für einen Europäer mögen diese Einrichtungen oft genug eng und repressiv erscheinen, aber sie sind wesentliche Bestandteile der allgemeinen Atmosphäre von Ruhe und Lebenssicherheit, die zu meinen stärksten Chinaerfahrungen gehört.

Die „Einheit"

Die „unregierbaren" Chinesen

Auszug aus einem Brief, den ich in den ersten Monaten meines Aufenthaltes in Peking geschrieben habe:

„Jedesmal wenn ich in die Stadt fahre, genieße ich das Schauspiel, das abläuft, wenn Chinesen in einen Bus einsteigen. Busse gibt es in Peking so viele, wie die Straßen gerade noch aufnehmen können – und die sind breit. Aber Chinesen gibt es halt noch mehr, darum steht an jeder Haltestelle eine lange Schlange. Soweit ganz manierlich, bis der Bus kommt. Dann geht ein Hauen, Stechen und Schlagen los, daß einem Hören und Sehen vergeht. Alle Tricks sind erlaubt. Das ist den Leuten hier so in Fleisch und Blut übergegangen, daß sie sich auch prügeln, wenn sie nur zu zweit an der Haltestelle stehen und der

Bus ganz leer ist. Trotzdem ist die Sache nicht eigentlich aggressiv. Es ist eine Art von Sport, die Leute lachen dabei und genießen es irgendwie.

Die Busse sind chronisch überbelegt, ein vollbesetzter Bus bei uns ist hier immer noch ein leerer Bus. Eine der vier Regeln für das Buspersonal, die in jedem Fahrzeug angeschrieben sind, lautet: ‚Wenn es noch Platz gibt, laß die Leute einsteigen'. Das Witzige an diesem Spruch liegt darin, daß im Chinesischen das Zeichen für ‚Platz' identisch ist mit dem Zeichen für ‚Luft'. So gesehen, kommt man der Wirklichkeit schon näher.

Das führt dazu, daß im Kampf ums Einsteigen immer noch irgendwo ein Bein, ein Arm, ein Hintern oder ein ganzer Mensch heraushängt. Da der Busfahrer Anweisung hat, erst abzufahren, wenn alle Türen geschlossen sind, wartet er erst einmal drei bis fünf Minuten. Natürlich ist keiner bereit, seinen mühsam erkämpften Platz wieder preiszugeben. So steigt er dann gemächlich aus und fängt in aller Ruhe an, die überzähligen Passagiere an ihren heraushängenden Körperteilen wieder runterzuziehen, wogegen sich der Betroffene zur Wehr setzt. Hat er es schließlich geschafft, ist das Problem noch lange nicht gelöst, weil es ja nur einen Busfahrer, aber je nach Fahrzeugmodell drei bis fünf offene Türen gibt. Von der einen Tür entfernt, saust nämlich der gewitzte Passagier blitzgeschwind zur nächsten, um sich wieder dranzuhängen. Das alles unter den Aufmunterungsrufen und fachmännischen Kommentaren eines zahlreichen Publikums."

Ich weiß nicht, ob bei einer der Meinungsumfragen über nationale Vorurteile jemals erforscht wurde, welches Bild vom „typischen Chinesen" hierzulande vorherrscht. Vermutlich würden dabei Charaktereigenschaften herauskommen wie: diszipliniert, fleißig, genügsam, gehorsam, höflich. Ganz falsch wäre das nicht. Solche Vorurteile gehen nie ganz an der Wirklichkeit vorbei, solange man die Kriterien des Betrachters gelten läßt. Aber wahrscheinlich sind sich wenige unter uns klar darüber, daß man die Chinesen mit dem gleichen Recht als lustig, chaotisch und „antiautoritär" bezeichnen könnte. In keiner westlichen Großstadt wird der Verkehrspolizei so wenig Respekt gezollt wie in Peking. Ich habe miterlebt, wie ein Schutzmann, der bei einem Fahrradunfall im verkehrsreichen Zentrum Pekings einschreiten wollte, von einem der Beteiligten angeherrscht wurde, er solle sich gefälligst um seine eigenen Angelegenheiten kümmern, niemand habe ihn gerufen. Die zahlreichen Zuschauer, die sich sofort um den Ort des Geschehens versammelt hatten, brummelten beifällig.

Spontane Gewaltanwendung bei politischen oder persönlichen Querelen ist unter Chinesen nicht unüblich und wird von ihnen innerhalb gewisser Grenzen als „normal" empfunden. „Wir Chinesen sind im Grunde unregierbar", erklärte mir ein chinesischer Bekannter.

Diese „Unregierbarkeit" resultiert natürlich nicht allein aus dem „Volkscharakter" der Chinesen, sondern ebenso aus der Größe und Disparatheit des Landes, der Masse seiner Bevölkerung und seiner unterentwickelten materiellen und politischen Infrastruktur. Das System der „Einheit" ist eine Antwort unter anderem auch auf diese „Unregierbarkeit".

Diese Vorbemerkung ist notwendig, weil das System der „Einheit" auf den ersten Blick sehr geeignet ist, unsere Vorurteile über China und die Chinesen zu bestätigen. Tatsächlich erscheint die „Einheit" in der Beschreibung vieler westlicher Autoren als Grundelement einer riesigen Gesellschaftsmaschine, in der sich die Individuen nach den Kommandos der Parteiführung drehen, als Ausdruck einer Gesellschaft von „blauen Ameisen".

Was ist eine „Einheit"

Was ist, was tut eine „Einheit"? „Einheiten", chinesisch „danwei", sind die politischen, wirtschaftlichen und administrativen Bausteine, aus denen sich die chinesische Gesellschaft wie ein Mosaik zusammensetzt. Die „Einheit", der ich als Student in China angehörte, war die Universität Peking. Für einen Arbeiter ist es seine Fabrik, für einen Bauern seine landwirtschaftliche Brigade, für die Hausfrau oder den Rentner das Wohnviertel. Alles was sich unter dem Gesichtspunkt kollektiven Wohnens und kollektiver Arbeit funktionell zusammenfassen läßt, bildet eine „Einheit". Wie für eine Fabrik oder Schule bei uns, liegt die Aufgabe der „Einheit" Fabrik oder der „Einheit" Schule zunächst in der Organisation und Durchführung der Produktion bzw.

des Unterrichts. Das Wesen einer „Einheit" ist damit freilich nicht beschrieben. Sie ist nicht allein eine Form der Organisation gesellschaftlicher Tätigkeit, sie ist eine Lebensform. Wo immer sich ein Chinese befindet, selbst wenn er sich im Ausland aufhält, bleibt er Teil seiner „Einheit", bleibt seine „Einheit" für ihn verantwortlich, wird er sich seiner „Einheit" zugehörig und ihr gegenüber verantwortlich fühlen. Er kann einer neuen „Einheit" zugeteilt werden, manchmal aus eigenem Wunsch seine „Einheit" wechseln. Aber er kann auf keinen Fall außerhalb einer „Einheit" leben. Sie ist so sehr Teil seiner Identität, daß es üblich ist, jemanden, den man gerade kennengelernt hat, zuerst zu fragen: „Ni shi nage danweide de?" – Aus welcher „Einheit" kommen Sie? – bevor man sich nach seinem Namen erkundigt.

„Danwei – von unseren Dolmetschern übersetzt als ‚Arbeitseinheit' – vereint in einer Hand alle Fäden, regelt das materielle Leben eines jeden, mißt mit eigenem Maß die Neigungen, die Gewohnheiten und das Verhalten von allen, ist Einheit und Norm der Arbeit, des Lebens und des Denkens. ‚Danwei', das ist die Leitung der einen Partei im Alltag, ist die Partei in Fleisch und Blut." (10)

Diese Definition macht etwas vom komplexen und umfassenden Charakter der „Einheit" deutlich. Dennoch ist sie so falsch wie richtig. Die „Einheit" erscheint hier lediglich als Instrument, mit dem die Kommunistische Partei ihre Ziele an der Basis und im Alltag durchsetzt. Das ist sie a u c h , sehr wesentlich sogar. Sie ist verantwortlich für die politische Kontrolle und Erziehung ihrer Mitglieder und für die lokale Durchführung der nationalen politischen Kampagnen. Sie sorgt auch dafür, daß der von oben angeordnete Kampf gegen Seuchenüberträger, wie Ratten und Fliegen, effizient organisiert wird.

Die Leitung einer „Einheit" liegt ausschließlich in den Händen des jeweiligen Parteikomitees. Die in der Kulturrevolution installierten „Revolutionskomitees", in denen auch Nichtparteimitglieder an der Führung einer „Einheit" teilhaben konnten, haben nur vorübergehend das Machtvakuum gefüllt, das durch die Zerschlagung der Parteiorganisationen in den Wirren der Kulturrevolution entstanden war. Als sich die Partei ab 1969 rekonstituierte, sanken die „Revolutionskomitees" zu administrativen Organen ohne Machtbefugnis herab. Heute sind sie aus den Basiseinheiten verschwunden.

Wie selbstverständlich Chinesen Parteiherrschaft und „Einheit" miteinander identifizieren, zeigt sich daran, daß sie nicht unbedingt das gesamte Kollektiv meinen, wenn sie von der „Einheit" sprechen, sondern manchmal nur das Parteikomitee oder die Verwaltung. Man bittet die „Einheit" um Heimaturlaub, nicht die dafür zuständige Stelle des Parteikomitees. Und es ist die „Einheit", die die Fahrkarte nach Hause besorgt, nicht das Büro für soziale Angelegenheiten.

So könnte der Eindruck entstehen, die „Einheit" sei nichts anderes als ein dem chinesischen Volk von oben übergestülptes System zum Zwecke der Kontrolle und Mobilisierung im Interesse der jeweiligen Parteiführung. Diese Betrachtungsweise erfaßt das Wesen der „Einheit" jedoch nur unvollkommen.

Fürsorge, Neugierde und Kontrolle

Die „Einheit" übernimmt viele der sozialen Funktionen, die im alten China in den Händen der Sippe gelegen haben. Sie ist verantwortlich für die soziale Betreuung der Alten und Kinder, für die politische Erziehung und fachliche Qualifikation ihrer Mitglieder. Viele „Einheiten" unterhalten eigene Kindergärten, Schulen, sogar Hochschulen. Wie sich die Großfamilie ein Mitspracherecht in allen wichtigen Lebensentscheidungen ihrer Angehörigen vorbehielt, so nimmt die „Einheit" heute wesentlichen Einfluß auf das persönliche und berufliche Schicksal ihrer Mitglieder. Sie entscheidet über die Berufswahl, die Zuteilung des Arbeitsplatzes und die Wohnungsvergabe. Als die Leitung unserer Schule auf unser Drängen hin die Erlaubnis erteilte, ausländische und chinesische Studenten zusammenwohnen zu lassen, bat ich einen chinesischen Freund, mit mir zusammenzuziehen. Das sei Sache der „Einheit", beschied er mich. Er war nicht bereit, aus eigener Initiative einen entsprechenden Vorstoß zu unternehmen. Als mir dann ein anderer Zimmerkollege zugeteilt wurde, war ich ärgerlich. Er nahm es mit einem bedauernden Achselzucken hin. Wir hätten ja sonst genügend Gelegenheit, uns zu sehen, meinte er.

Der Antrag auf Zulassung zum Hochschulstudium bedarf des Segens der „Einheit", und sie kann eine Eheschließung untersagen, wenn triftige politische oder medizinische Gründe dagegensprechen. Und wie der Clan früher im Idealfall über den untadeligen Lebenswandel seiner Mitglieder achtete, so kontrolliert heute die „Einheit" die Durchsetzung der politischen und moralischen Normen. Sexuelle Beziehungen vor und außerhalb der Ehe sind in China untersagt. Gegenüber uns Ausländern war man weniger streng, sie wurden geduldet, solange wir unter uns blieben, uns diskret verhielten und die „Einheit" nicht nötigten, sie zur Kenntnis zu nehmen. In einem Fall war diese Grenze offenbar überschritten worden. Die Frau, übrigens nur sie, wurde vor das Parteikomitee unserer „Einheit" zitiert, wo man ihr ernsthafte Vorhaltungen machte. Man forderte sie eindringlich auf, sich in Zukunft mehr dem Studium zu widmen, um „die von ihrer Familie und ihrem Staat in sie gesetzten Hoffnungen nicht zu enttäuschen". Sie als Ausländerin konnte es sich erlauben, diese Warnung in den Wind zu schlagen und die Beziehung fortzusetzen. Bei einer Chinesin hätte das Konsequenzen gehabt. Es hätte sie im äußersten Falle, wenn Ermahnungen und Kritik nicht gefruchtet hätten, ins Arbeitslager führen können.

Die „Einheit" organisiert den gesamten Bereich der materiellen Fürsorge: Krankenversicherung, Altersversorgung. Sie unterhält eigene Kliniken oder Sanitätsstationen, Clubs und Kinos. Gerät eines ihrer Mitglieder in finanzielle Schwierigkeiten, gewährt ihm die „Einheit" billige oder zinslose Kredite. Sie baut Wohnungen für ihre Angehörigen und verteilt die Bezugsscheine für rationierte Güter wie Baumwolle und Zucker. Ein einfacher Chinese muß im bürokratisierten China nur selten den „Gang zum Amt" antreten. Direkter Kontakt mit den anonymen und undurchschaubaren Apparaten, der in mir stets einen diffusen Schrecken hervorruft, existiert für ihn kaum. Als mein Fahrrad gestohlen wurde, wandte ich mich, wie jeder Chinese auch, nicht an die Polizei, sondern an die zuständige Stelle meiner „Einheit". Sie nahm die Sache für mich in die Hand. Als die Sicherheitsbehörden die Täter ausfindig gemacht hatten, wurde das Fahrrad zurückerstattet, an die „Einheit", nicht an mich. Die gab es schließlich an mich zurück, begleitet von einem langen Vortrag, in Zukunft das Fahrrad nicht unbeaufsichtigt in der Gegend herumstehen zu lassen. Auch ich sei daher mitschuldig an dem Vorfall. Beides gehörte zu ihren Pflichten: die Rückgabe und die Ermahnung.

Die „Einheit" verschafft ihren Mitgliedern einen Raum materieller Sicherheit und Ruhe, der sie von unzähligen Widrigkeiten und Unsicherheiten entlastet, die uns das Leben sauer machen. Ich hätte die Mauern, die unsere „Einheit" umgaben, kaum zu verlassen brauchen. Meine schmutzigen Kleider trug ich in die Wäscherei der „Einheit", wo sie für ein paar Pfennige gewaschen wurde. Brauchte ich ein neues Hemd, ließ ich es in der Schneiderei der „Einheit" anfertigen, nicht sehr elegant, aber praktisch und billig. War die Steckdose in meinem Zimmer kaputt, informierte ich den Hausmeister und wenig später erschien der Elektriker der „Einheit" und reparierte sie. Ich besorgte meine Lektüre im Buchladen der „Einheit" und im Sommer kraulte ich täglich ein paar Runden im nicht ganz sauberen Wasser des „einheits"-eigenen Schwimmbades. Als ich auf der Rückfahrt von China in Moskau Zwischenstation machte, stand ich eine Zeitlang auf dem Bahnsteig und wartete darauf, daß ein Vertreter der „Einheit" erscheinen, mir den Koffer abnehmen und mich ins Hotel bringen würde, bis mir einfiel, daß ich mich in Zukunft in diesen Angelegenheiten wieder auf mich selbst zu verlassen hatte.

Die „Einheit", wie früher die Sippe, schafft ihren Mitgliedern einen Raum der emotionalen Geborgenheit, der Vertrautheit und der sozialen Orientierung. Egal was mir zustößt, die „Einheit" wird sich um mich kümmern. Sie mag mich kritisieren, mich bestrafen, aber sie wird mich nie fallenlassen, es sei denn, ich habe ein schweres Verbrechen begangen oder mich als „Klassenfeind" entpuppt.

In fast jeder „Einheit" gibt es Intrigen, Fälle von Korruption, Machtmißbrauch und Schikane. Ich will einen besseren Arbeitsplatz: Der stellvertretende Parteisekretär Li ist nicht unempfänglich für kleine Geldgeschenke. Der Kader Wang kann mich nicht leiden und setzt mich auf der Liste für die Wohnungszuteilung an die letzte Stelle. Die Macht dazu hat er. Solche Affären sind nicht nur das Resultat menschlicher Schwäche, sie haben auch damit zu tun, daß die „Einheit" in veränderter Form die autoritären und hierarchischen Strukturen des Clans übernommen hat. Sie haben auch damit zu tun, daß die mächtigen familiären und verwandtschaftlichen Interessen innerhalb einer „Einheit" gelegentlich mit den Prinzipien sozialistischer Uneigennützigkeit kollidieren. Aber abgesehen von den Zeiten kulturrevolutionärer Exzesse, wird die „Einheit" immer eine Basis von Solidarität und gegenseitiger Hilfestellung aufrechterhalten, in materieller, wie in nichtmaterieller Hinsicht. Der hierzulande übliche Kampf jedes gegen jeden ist im Alltag der „Einheit" die Ausnahme, nicht die Regel.

Ich habe mich zu Beginn ziemlich hilflos gefühlt, wenn ein Vertreter des Parteikomitees unserer „Einheit" oder einer unserer Lehrer unverhofft in meinem Zimmer erschien, um sich nach meinen schulischen Fortschritten zu erkundigen und mich zu ermahnen, ausreichend warme Unterwäsche anzuziehen. Teilweise war das eine besondere Höflichkeit gegenüber den ausländischen „Freunden", die sich noch ein wenig fremd fühlten, aber es entsprach auch der selbstverständlichen Pflicht zur Fürsorge, die in einer „Einheit" üblich ist.

Es gab eine Zeit, in der es zwischen mir und meinem Zimmerkollegen Xiao Du zu Spannungen kam. Den Grund dafür weiß ich bis heute nicht, vielleicht hatte ich ihn unwissentlich verletzt, vielleicht hatte er persönlichen Kummer. Er wurde nicht unfreundlich, aber unzugänglich und schweigsam. Ich ließ ihn zunächst einfach in Ruhe, auch das habe ich in China gelernt. Als aber dieser Zustand über längere Zeit hinweg andauerte und er sich meinen Bitten, uns auszusprechen, verschloß, wandte ich mich an Lao Zhang, unseren „Klassensprecher". Ich bat ihn, der Sache nachzugehen und herauszufinden, warum sich das ursprünglich so liebevolle und freundschaftliche Verhalten meines Zimmmergenossen geändert hatte. Ich konnte das tun, weil ich wußte, daß Lao Zhang meine Bitte nicht als lästig oder ungewöhnlich betrachten würde, und weil ich sicher sein konnte, daß Xiao Du mein Vorgehen nicht als unfair empfinden würde. Der „Klassensprecher" Zhang war kein besonders intimer Freund von mir. Er war auch nicht von uns gewählt, sondern von oben eingesetzt worden. Aber ich konnte mich darauf verlassen, daß ihm die Tatsache, daß es zwischen Xiao Du und mir Schwierigkeiten gab, nicht gleichgültig sein würde.

Ich hätte mich auch direkt an die für uns zuständige Stelle der „Einheit" wenden können. In einem ähnlichen Fall ist das geschehen, und die „Einheit" löste das Problem, ohne jenes Gefühl von Peinlichkeit aufkommen zu lassen, das bei uns entsteht, wenn jemand seine „privaten" Schwierigkeiten in die Öffentlichkeit trägt.

Umgekehrt hätte die „Einheit" von sich aus eingegriffen, wenn es zwischen mir und Xiao Du zu ernsthaften Auseinandersetzungen gekommen wäre, so wie sie auch bei Ehestreitigkeiten eingreift, wenn sie sich häufen oder ein bedenkliches Ausmaß annehmen.

Erfahren wird die „Einheit" davon allemal. Es ist nahezu unmöglich, in einer chinesischen „Einheit" etwas geheimzuhalten. So ausgeprägt in China die Trennungslinie zwischen „innen" und „außen" ist, so unscharf ist sie zwischen „privat" und „öffentlich". Chinesen sind im zwischenmenschlichen Umgang außerordentlich zartfühlend und rücksichtsvoll. Diskret sind sie nicht. Neugierde ist in China eine soziale Tugend, und die Chinesen huldigen ihr mit Leidenschaft. Schon deshalb bleibt innerhalb einer „Einheit" kaum etwas verborgen.

Jedesmal wenn es in der Bauernfamilie, bei der ich eine Zeitlang gewohnt habe, zu lautstarken Auseinandersetzungen zwischen Mutter und Sohn kam, tauchten – schwupps – links und rechts über der Hofmauer die Köpfe der Nachbarinnen auf und gaben gute Ratschläge zur Beilegung des Familienkonflikts.

Bevor die in ihre Familie „zurückgekehrte" französische Halbchinesin ihre Tante besuchen durfte, veranstaltete das Straßenkomitee des Wohnviertels eine Versammlung, in der allen mitgeteilt wurde, daß die Ausländerin, die hier demnächst auftauchen würde, die Nichte der Genossin XY sei, daß alles damit seine Ordnung habe, und daß man sie – bitte sehr – nicht ununterbrochen angaffen solle. Das war notwendig. Andernfalls hätten sich die Nachbarn wochenlang das Maul zerrissen, und die Tante hätte keine ruhige Minute mehr gehabt.

Es wäre ungerecht, hinter dieser allgegenwärtigen Neugierde nur Klatschsucht zu vermuten. Auch sie ist ein Stück sozialer Fürsorge. Die Anonymität und Einsamkeit des Lebens in unseren Trabantenstädten ist für Chinesen unvorstellbar. Daß alte oder kranke Menschen unbeachtet und unversorgt von den Nachbarn in ihren Neubauwohnungen verkümmern, ist in China undenkbar. Außerdem schützt die um die „Einheit" gezogene Mauer nicht nur vor den Blicken der Außenstehenden, sie läßt auch wenig hinaus. Auch hier wieder die Verwandtschaft zur Sippe: Innen mag man sich die Köpfe einrennen, nach außen hält man dicht. Zur Sicherheit, die das Leben in der „Einheit" gibt, gehört auch, daß man selbst bei schweren Vergehen nach außen sein Gesicht nicht verliert. Niemand wird etwas in die Öffentlichkeit tragen, nichts davon wird in der Presse breitgetreten. Gerät ein Fall aus politischen oder erzieherischen Gründen in die Zeitungen, geschieht es ohne Namensnennung. Nur wenn ein früherer Politiker als „Klassenfeind" abgestempelt worden ist, werden sein Name und sein Privatleben dem Publikum preisgegeben.

Die „Einheit" unterstützt die Tendenz, seine Nase in die Angelegenheiten der Nachbarn zu stecken. Man bezeichnet das als „Klassenwachsamkeit". Mir wurde in China voller Stolz erzählt, daß die Bedeutung der Sicherheitsorgane in den letzten Jahren zurückgegangen sei. Die Leute würden sich heute selbst, d.h. gegenseitig überwachen. Die Fäden dieser Kontrolle laufen in den Händen der „Einheit" zusammen. Sie entscheidet über die Notwendigkeit und die Form des Eingreifens.

Über jeden Studenten, chinesischen wie ausländischen, legt die Hochschule eine Personalakte an. Sie enthält neben den persönlichen Daten Informatinen aller Art, vermerkt besondere Vorkommnisse, gibt Auskunft über die Lebensgewohnheiten, das politische Verhalten und den Lerneifer des Betreffenden. Er selbst hat keine Möglichkeit, diese Unterlagen einzusehen. Ich erfuhr hintenherum ein wenig vom Inhalt meiner Akte und war höchst erstaunt, daß in ihr vermerkt war: Fotografiert gerne. Das klingt harmloser, als es ist. Da wir häufig als potentielle Spione beargwöhnt wurden, konnte ein solcher Vermerk Mißtrauen ausdrücken. Das eigentlich Erstaunliche aber war, daß ich unter den europäischen Studenten vermutlich derjenige war, der seine Kamera am seltensten benutzte, weil ich sehr ungern fotografiere. Ich überlegte hin und her und schließlich fiel mir ein, daß ich einen Nachmittag lang mit dem Fotoapparat durch das Institutsgelände gelaufen war, aus dem Pflichtgefühl eines dokumentationssüchtigen Europäers heraus , und um die Sache mit einem Mal hinter mich zu bringen. Natürlich war ich dabei beobachtet worden, und natürlich hatte man es der „Einheit" gemeldet.

Bei jedem Arbeitsplatzwechsel wird die Personalakte an die neue „Einheit" weitergegeben. Die ist daher über jeden Neuankömmling bestens informiert und gegebenenfalls in der Lage, ihre Maßnahmen vorzubereiten: verstärkte Fürsorge, verstärkte Kontrolle, gewöhnlich beides.

Übergeordnete Instanzen und die Sicherheitsbehörden haben das Recht, diese Unterlagen einzusehen. In bestimmten Fällen informiert die „Einheit" sie von sich aus. Ohne unser Mitwissen schickte die Leitung des Spracheninstituts Führungszeugnisse über jeden einzelnen Studenten an die Botschaften der jeweiligen Heimatländer. Sie enthielten Auskünfte über unsere schulischen Leistungen und unser persönliches Betragen. Etwas ratlos gab die deutsche Botschaft diese Papiere an uns zurück und wir beschwerten uns bei der „Einheit". Die Botschaft habe kein Recht, uns zu kontrollieren, sie sei nicht unsere übergeordnete „Einheit". Wir seien im übrigen nicht vom deutschen Staat, sondern von einer privaten Organisation nach China geschickt worden. Umsonst, vielleicht wollten sie es nicht begreifen, aber vermutlich ging es tatsächlich über ihr Fassungsvermögen. Kein Chinese hätte es verstanden, wenn wir uns darüber beschwert hätten, daß die deutsche Botschaft unsere Post öffnete. Er hätte das normal gefunden. Da sie in seinen Augen die im Ausland für uns zuständige „Einheit" war, war sie für uns verantwortlich und hatte das Recht, Einblick in unsere Privatangelegenheiten zu nehmen.

Als die Studentin, die wegen ihres lockeren Lebenswandels vor das Parteikomitee unserer „Einheit" zitiert wurde, sich die Einmischung in ihre privaten Angelegenheiten verbat, wurde einer der anwesenden Kader so ärgerlich, daß er sie anfuhr, in seinem Heimatdorf müsse die jungverheiratete Ehefrau nach der Hochzeitsnacht das Bettlaken zum Fenster hinaushängen. In ruhigem Zustand hätte er das sicher nicht gesagt. Als sie ihn, selbst wütend geworden, anschrie, das sei ja ein schöner Sozialismus, mußte er ihr die Antwort schuldig bleiben. Aber die Episode zeigt, wie nahtlos die traditionellen Formen sozialer Kontrolle in die modernen übergehen. Jedes Paar muß sich vor der Eheschließung einer ärztlichen Kontrolle unterziehen. Der Hauptzweck ist die medizinische Fürsorge, aber es wird dabei auch festgestellt, ob die Braut noch Jungfrau ist. Es kann zu peinlichen Fragen führen, wenn das nicht mehr der Fall ist.

Ich hoffe, gezeigt zu haben, daß im chinesischen System der „Einheit" die Trennungslinie zwischen „öffentlich" und „privat", zwischen Fürsorge und Kontrolle, schwer zu ziehen ist. Ich frage mich, wie weit sie im Bewußtsein der Chinesen überhaupt existiert.

Können wir das begreifen? Ich zitiere eine Stelle aus einem Brief, den ich erhalten habe, nachdem ich über meine Erfahrungen vom Leben im System der „Einheit" geschrieben hatte:

"Ich würde so gerne sicherer leben, aufgehoben in einem überschaubaren Bezugssystem, an dem man tätig mitwirkt. Damit sind wir in China: Das scheint ja dort wirklich zu existieren, unter welchen Einschränkungen auch immer. Wir tollen, armen, freischwebenden Individuen würden doch alle liebend gern an die Hand genommen und uns geborgen fühlen. Die Freiheit hier ist ja doch die Einsamkeit, die Isoliertheit von den anderen. ... Verständnis wäre doch nur über ein Gemeinsames und Umgebendes möglich; so existiert es nur über die Unmöglichkeit."

Ich bin nicht mit allem einverstanden. Ich wünsche mir keine Gesellschaft, in der ich wie ein Kind bei der Hand genommen und irgendwohin geführt werde, sei es auch in bester Absicht. Und natürlich handelt es sich hier um eine Projektion, eine Übertragung eigener Sehnsüchte und Erfahrungen auf eine fremde Wirklichkeit. Aber sie hat mehr mit China zu tun als die toten Hoffnungen und Ängste der „bürgerlichen" oder der „maoistischen" Chinabetrachtung.

Kritik und Selbstkritik

Solange es gelingt, Konflikte innerhalb der geschlossenen Öffentlichkeit der „Einheit" so zu lösen, daß das Resultat für alle Beteiligten akzeptabel oder wenigstens erträglich ist, erweist sich das System der „Einheit" als humaner und vor allem wirklichkeitsnäher als etwa unser menschenfeindlicher und bürokratisierter Justizapparat.

Gewöhnliche Fälle von moralischem oder politischem Fehlverhalten, aber auch kleinere Delikte, wie Prügeleien oder Klauereien, werden gewöhnlich „einheits"-intern geregelt. Aber auch bei Prozessen wird die „Einheit" hinzugezogen und nicht selten wird die Verhandlung in die „Einheit" des Delinquenten verlegt. Ich hatte Gelegenheit, den Prozeß gegen einen Mann zu verfolgen, der von seinem Arbeitsplatz Werkzeug gestohlen und verkauft hatte. Anwesend waren außer dem Angeklagten, dem Richter und seinen zwei Beisitzern, Kader der „Einheit", Familienangehörige und Arbeitskollegen. Man hatte den schäbigen, in abblätterndem Gelb getünchten Empfangssaal der „Einheit" zum Gerichtssaal umfunktioniert, die obligaten Farbdrucke des Vorsitzenden Mao und seines Nachfolgers an der Stirnseite, der restlichen 4 marxistischen Erzväter an der gegenüberliegenden Wand des Raumes, gaben dem Saal ausreichende Würde. Auch bei chinesischen Gerichtsverhandlungen herrscht eine einigermaßen zeremonielle Atmosphäre: Man erhob sich von den Stühlen, als der Richter seinen erhöhten Sitz betrat, und als das Urteil verlesen wurde. Aber im übrigen hatte die Verhandlung wenig mit der in einem deutschen Amtsgericht gemeinsam. Jeder der Anwesenden konnte sich spontan zu Wort melden, wenn er meinte, etwas zur Klärung beitragen zu können. Bei der Zeugenvernahme ging es kaum um den Fall selbst, der klar lag und auch vom Angeklagten nicht bestritten wurde, als vielmehr um das allgemeine Verhalten, den Arbeitseifer und die Lebensumstände des Beschuldigten. Offensichtlich beeindruckt vom günstigen Urteil der Kollegen und Vorgesetzten wie von der Reue, die der Angeklagte an den Tag legte, beschloß das Gericht, von einer Strafe abzusehen und den Mann lediglich der verstärkten Aufsicht durch die „Einheit" zu unterstellen.

In den Jahren nach der Kulturrevolution stand positives, geschriebenes Recht im Geruch, ein „bourgeoises Relikt" zu sein. Die Trennung von Polizei und Justiz war faktisch aufgehoben und in China herrschte ein Zustand allgemeiner Rechtsunsicherheit. Die neue Führung unter Hua Guofeng will hier einen radikalen Wandel herbeiführen, ja es scheint, daß China als erstes sozialistisches Land das „bürgerliche" Prinzip der Gewaltenteilung als Element der Gesellschaftsordnung etablieren will. Aber auch in Zukunft wird die „Einheit" die wichtigste Instanz zur Lösung alltäglicher sozialer Konflikte bleiben. Politisches und gesellschaftliches Denken in juristischen Kategorien und Normen ist den Chinesen fremd und wird ihnen, so hoffe ich, fremd bleiben. Dies erlaubt der „Einheit" bei der Lösung interner Konflikte ein hohes Maß an Flexibilität und sozialer Phantasie. Das Repertoire der Eingriffsmöglichkeiten ist vielfältig. Es reicht vom guten Zureden eines zuständigen Kaders bis zur „einheits"-internen Kritikversammlung unter Zuziehung der Nachbarn oder Arbeitskollegen. Die „Einheit" kann Lohnkürzungen aussprechen und sie konnte zumindest bis zum Sturz der „Viererbande" Hausarrest verhängen, was für den Betroffenen eine gefängnisähnliche Isolierung bedeutete. Beschränkt wird die „Einheit" bei ihrem Eingreifen mehr durch bürokratische Routine und politische bzw. persönliche Sonderinteressen, als durch minutiös festgelegte Vorschriften und Verfahrensweisen. Fixiert sind nur die Prinzipien, von denen sich die „Einheit" bei ihrem Vorgehen leiten lassen soll. Nach einer von Mao Zedong geprägten Formulierung: „die Krankheit behandeln, um den Patienten zu retten." Erreicht werden soll das durch einen wechselseitigen Prozeß von „Kritik und Selbstkritik". Vom Beschuldigten erwartet man Einsicht und Reue, von der „Einheit" die Bereitschaft, ihn in die Gemeinschaft zu reintegrieren. Im Idealfall entsteht so ein Zustand gegenseitiger Betroffenheit, der einen mehr therapeutischen als strafenden Effekt auslöst.

Nicht immer werden freilich Probleme auf diese Weise wirklich gelöst. Oft genug werden sie einfach unter den Teppich gekehrt. Kritik und Selbstkritik sind dann bloße Rituale, man ist zufrieden, wenn der Schein gewahrt ist. Am Ende jedes Semesters, nach jedem Ausflug aufs Land oder in die Fabrik zur Teilnahme an körperlicher Arbeit, wurde in unserer Klasse eine „Kritik-Selbstkritik-Versammlung" abgehalten. Im allgemeinen wurden dabei Sprüche geklopft. Man habe wieder unendlich viel von den Arbeitern und Bauern gelernt, sei sich klar darüber geworden, wie weit das eigene Bewußtsein noch hinter dem ihren zurück sei, man werde sich in Zukunft noch weit mehr anstrengen müssen etc. Wichtig ist, daß man keinen der üblichen Inhalte ausläßt, das erwartet die „Einheit". Und daß man nicht zulange redet, das erwarten die Kommilitonen. Eine tatsächliche, kritische Auseinandersetzung mit dem, was man erlebt und erfahren hatte, fand auf diesen Versammlungen kaum statt. Und es wurde wohl auch kaum erwartet.

Gelegentlich werden Kritik und Selbstkritik zur Schikane, mehr oder weniger abgepreßt, damit die „Einheit" ein befriedigendes Resultat nach oben melden kann, oder zum Mittel, politische oder persönliche Gegner auszuschalten.

Aber auch in ihrer ritualisiertesten Form hat die Methode von Kritik und Selbstkritik noch einen Sinn. Sie schafft einen Rahmen, in dem ein menschlicher und daher hilfreicher Austausch von Erfahrungen und nicht eine nur erzwungene Eingliederung von Außenseitern möglich ist.

Sozialer Druck als Waffe

Das Problem ist, daß die chinesische Wirklichkeit so unteilbar ist, wie die unsere. Die menschlichen Seiten des Systems der „Einheit" sind nicht zu trennen von seinen brutalen. Sie sind Ausdruck der gleichen Logik. Kontrolle und Disziplin, die notwendig sind, um ein so großes und disparates Land umzuwälzen, schlagen ständig um in Schikane und Zwang, Fürsorge in Terror. Die Grenzen des Systems der „Einheit" liegen nicht nur dort, wo „Kritik und Selbstkritik" zu persönlichen oder politischen Zwecken mißbraucht wird, sondern vor allem dort, wo der gesellschaftliche Auftrag der „Einheit" und persönliche Interessen ihrer Mitglieder in einen unauflösbaren Konflikt geraten. Die Folgen können katastrophal sein, sie können seelisches Zerbrechen oder Selbstmord bedeuten.

Eine chinesische Kommilitonin, die wir alle wegen ihrer Herzlichkeit und Fröhlichkeit ins Herz geschlossen hatten, erschien eines Abends bei einer Bekannten, einer ausländischen Studentin, mit der sie sich ein wenig angefreundet hatte. Man sprach zunächst über dies und das, bis die Frau plötzlich in Tränen ausbrach, heftiger und heftiger weinte und schließlich völlig zusammenbrach. Was war geschehen? Sie hatte sich in einen Lehrer der Schule verliebt und er erwiderte ihre Neigung. Die Schwierigkeit war die, daß sie bereits verheiratet war. Ihre Ehe war tief unglücklich für beide Partner, und das seit langem. An Scheidung war andererseits nicht zu denken. Ehescheidungen sind in China generell extrem schwierig und für ihren Mann, der ein höherer Kader war, aus Karrieregründen ganz unmöglich. Und gerade die Tatsache, daß sie einen anderen Mann liebte, wäre für die „Einheit" ein Grund gewesen, eine Trennung abzulehnen. Sie mußte also dauernd auf der Hut sein, damit niemand von ihrer Zuneigung erfuhr; der Kontakt zwischen den beiden beschränkte sich auf verstohlene Blicke und Händedrucke. Sie konnte nicht einmal ihre Bedrücktheit zeigen. Man wäre sofort in sie gedrungen, den Grund zu sagen, in durchaus freundlicher Absicht, mit dem Wunsch ihr zu helfen. Bis um vier Uhr morgens erzählte sie dieser Ausländerin ihren Kummer, als der einzigen Person, der sie sich gefahrlos anvertrauen konnte. Drei Stunden später, um sieben Uhr morgens, erschien sie wie gewohnt auf dem Sportplatz zur Morgengymnastik, rosig, lächelnd und fröhlich.

In der Tat hatte sie nur zwei Möglichkeiten: Entweder weiterhin Versteck zu spielen und auf ein Wunder zu hoffen, immer in der Angst, entdeckt zu werden. Oder sich mit ihrem Problem an die „Einheit" zu wenden. Man hätte sie und den Lehrer kritisiert, ihnen aber auch geholfen, auf den Pfad der Tugend zurückzufinden. Auf jeden Fall aber hätte man den beiden verboten, sich weiterhin zu sehen. Wenn sie sich nicht daran gehalten hätten, hätte man sie mit Gewalt getrennt. Und wenn sie sich nicht hätten trennen lassen, hätte man sie bestraft.

Die schärfste Waffe sozialen Drucks, die der „Einheit" zur Verfügung steht, ist die „pi-dou hui", die „Kritik-Kampf-Versammlung". Sie wird durchgeführt, wenn sich Mitglieder einer „Einheit" schwere kriminelle oder politische Vergehen haben zuschulden kommen lassen, und sie bedeutet normalerweise die „Verstoßung" aus dem Verband der „Einheit". Auf solchen Veranstaltungen, an denen gewöhnlich die ganze „Einheit" teilnimmt, werden keine rechtlichen Entscheidungen gefällt. Sie geben vielmehr, wie es im chinesischen Jargon heißt, „den Massen Gelegenheit, ihre Empörung zum Ausdruck zu bringen". Die Angeklagten werden anschließend den Justizbehörden zur Aburteilung übergeben.

Ich selbst habe nie an einer „pi-dou hui" teilgenommen. Aber ich habe mir oft erzählen lassen, wie es dabei zugeht, und ich hatte zweimal Gelegenheit, eine „pi-dou hui" über das universitätsinterne Lautsprechernetz zu verfolgen. Im ersten Fall handelte es sich um die Verurteilung einer prominenten Vertreterin der „Viererbande" an der Pekinger Universität. Hier war tatsächlich eine Atmosphäre allgemeiner Empörung zu verspüren. Ich war zufällig anwesend, als die Angeklagte vorgefahren wurde. Als sie umringt von Polizisten dem Wagen entstieg, drängten die Zuschauer nach vorne, beschimpften sie, spuckten sie an und drohten ihr mit geballten Fäusten. Die Versammlung dagegen verlief weniger spontan. Die Redebeiträge waren offenkundig genau vorbereitet und mit der Universitätsleitung, vielleicht sogar höheren Stellen, abgesprochen. Auf Aufforderung über Mikrofon wurden sie von Zeit zu Zeit von rhythmischen Parolen unterbrochen: „Nieder mit der Viererbande! Nieder mit XY!" Das war der Beitrag der „Massen".

Im zweiten Fall handelte es sich um eine Bande von Jugendlichen, die kriminelle Delikte begangen hatten. Sie hatten gestohlen, unter anderem mein Fahrrad, Einbrüche verübt und eine Frau vergewaltigt. Der Anführer war ein Student der Pekinger Universität, die übrigen Jugendliche, die heimlich vom Lande zurückgekehrt waren. Da sie weder Geld noch Arbeit bekommen konnten, hatten sie auf diese Weise ihren Lebensunterhalt bestritten. Ein relativ typischer und häufiger Fall von Jugendkriminalität.

Die Versammlung verfolgte zwei Ziele: die von der „Viererbande" verschuldete Verlotterung von Sitte und Disziplin anzuprangern und die Eltern zu kritisieren, die die Jugendlichen bei sich aufgenommen hatten, ohne die „Einheit" zu verständigen. Auf die Geschichte und die Lebensumstände der Angeklagten wurde nur so weit eingegangen, als es dazu diente, ihren schlechten Charakter und ihre Undankbarkeit gegenüber dem sozialistischen System hervorzuheben. Dieser habe abfällige und beleidigende Bemerkungen über den Vorsitzenden Mao und den Sozialismus gemacht, jener sei schon immer ein Faulpelz und Drückeberger gewesen. Umsonst habe sich die „Einheit" soviel Mühe mit ihnen gegeben, sie immer wieder ermahnt. Alles, was sich an negativen Informationen über sie in den Händen der „Einheit" angesammelt hatte, wurde nun gegen sie vorgebracht. Jedesmal, wenn die Versammlung auf Aufforderung rief: „Nieder mit ...!" wurden die Köpfe mit Gewalt nach unten gedrückt und in dieser demütigenden Haltung mußten sie mehrere Minuten verharren. Gelegenheit, sich zu verteidigen, wurde ihnen nicht gegeben.

Ich glaube, schlimmer als die Demütigungen, die die Betroffenen auf dieser Versammlung über sich ergehen lassen müssen, ist für sie die Erfahrung, daß sich die „Einheit" gegen sie wendet, sie im äußersten Fall ausstößt. Schlimmer als die Schande wird ein Chinese die Isolation, die Verbannung aus den gesellschaftlichen und emotionalen Bindungen der „Einheit" empfinden. Die Familie kann ihm dabei kaum helfen, nicht selten wird von Seiten der „Einheit" Druck auf sie ausgeübt, sich ebenfalls von ihrem ungeratenen Mitglied zu distanzieren. In der Kulturrevolution, als solche „Kampf-Kritik-Versammlungen" häufig und oft sehr brutal waren, endeten sie nicht selten mit dem Selbstmord der Angeklagten.

Die Aggressivität und Brutalität mancher „Kampf-Kritik-Versammlungen" bilden eher ein Komplement als einen Widerspruch zur gewöhnlich friedvollen und spannungslosen Atmosphäre des Lebens in der „Einheit". Ich war überrascht, wie unvermittelt das scheinbar disziplinierte und aggressionsfreie soziale Verhalten von Chinesen in fast anarchische Leidenschaft umschlagen kann. Vor allem in Zeiten innenpolitischer „Linienkämpfe", zum Beispiel während der Kulturrevolution oder in den Monaten vor dem Sturz der „Viererbande", kann der geschlossene Verband der „Einheit" durch heftige Fraktionskämpfe erschüttert werden. In ihnen vermischt sich oft politische Leidenschaft mit persönlichen Ressentiments oder aufgestauter Unzufriedenheit mit korrupten oder unfähigen Kadern. Solche Auseinandersetzungen können mit dem erlaubten Mittel der Wandzeitung, aber auch mit dem unerlaubten bewaffneter Schlägereien ausgetragen werden. Während der Kulturrevolution bekämpften sich zwei Rotgardistenfraktionen der Pekinger Quinghua Universität drei Monate lang mit Handfeuerwaffen, Speeren und selbstgebastelten Handgranaten. Noch heute sind die Gewehreinschläge an den Gebäuden zu sehen.

Wie bei vielen Aspekten des chinesischen Lebens muß man jedoch auch hier lernen, zwischen Schein und Wirklichkeit zu unterscheiden. Während der universitätsinternen Auseinandersetzungen nach dem Sturz der „Viererbande" tauchten an den Häuserwänden blutrote Parolen auf, wie: „Die Schuld von XY kann nur mit Blut abgewaschen werden!" oder „Wenn XY nicht aufgehängt wird, ist das Volk nicht zufrieden!" Niemand dachte im Ernst daran, das in die Wirklichkeit umzusetzen. Auch die Bezeichnung von politischen Gegnern als „Dämonen, Kuhteufel und Schlangengeister" klingt schlimmer, als sie gemeint ist. Chinesen lieben solche bildhaften und starken Wendungen. In Wirklichkeit geht es meistens harmloser zu.

Ob er während der Kulturrevolution auch „bekämpft"worden sei, fragten wir einen Kommuneleiter. „Wie Sie wissen", erklärte er uns, „sind damals viele Kader kritisiert worden. Sie bekamen spitze Hüte aufgesetzt und mußten ihren Kopf beugen." Pause. „Ich habe meinen Kopf auch runtergetan." Dabei grinste er und zwinkerte uns zu. Ob er es damals auch so lustig gefunden hat, weiß ich nicht. Aber er wird wohl gewußt haben, was es mit der „Empörung der Massen" in seinem Fall auf sich hatte.

Die „Einheit" als Arbeitsplatz

„Kampf-Kritik-Versammlungen" und Fraktionskämpfe sind Ausnahmesituationen. Die Regel ist der einförmige, nicht immer von einem fast bäuerlichen Rhythmus bestimmte Alltag, eingehüllt in die umfassende Fürsorge und die umfassende Kontrolle durch die „Einheit". Ich habe zu Beginn unter der Monotonie des Lebens in meiner „Einheit" gelitten. Vom musikalischen Wekken um sechs Uhr morgens durch die universitätsinterne Radiostation bis zum Zapfenstreich um zehn Uhr abends, verlief das Leben Tag für Tag in den gleichen geregelten Bahnen.

Aber ich spürte mit der Zeit, daß diese Atmosphäre der Regelmäßigkeit, Sicherheit und Ruhe Kräfte in mir freisetzte, daß sie den Panzer aus Nervosität und Ängstlichkeit aufzulösen begann, den ich aus Europa mitgeschleppt hatte. Fast unmerklich vereinfachten sich meine Ansprüche und Lebensgewohnheiten und wie von selbst begann ich meine Energien auf das Wesentliche zu konzentrieren. Und das ist in China allemal die Arbeit.

Gearbeitet wird in China hart und viel und oft genug unter Bedingungen, die kein westdeutscher Arbeiter auch nur einen Tag lang akzeptieren würde. Und nur in chinesischen Propagandapostillen und den Phrasen unserer „maoistischen" Nachschwätzer liebt jeder Chinese seine Arbeit, weil er sie im Bewußtsein tut, „dem Aufbau des Sozialismus zu dienen". Aber wenn mich mein Eindruck nicht täuscht, betrachten Chinesen, anders als wir, ihre Arbeit nicht als jene Alltagsqual, die wir auf uns nehmen müssen, um einen Teil unseres Lebens von Arbeit befreit zu sein.

Chinesen arbeiten, wie sie radfahren: zielstrebig, aber ruhig und ohne Streß. Ich habe zweimal in chinesischen Fabriken gearbeitet. Beide Male ist mir die zugleich konzentrierte wie entspannte Arbeitsweise chinesischer Arbeiter und ihre starke emotionale Bindung an den Arbeitsplatz aufgefallen.

Arbeitsplatzgarantie und die materielle und soziale Fürsorge durch die „Einheit" sind wesentliche Voraussetzungen für diese auffallend „unkapitalistische" Arbeitsweise. „Die Arbeiter sind die Herren der Fabrik." Dieser Satz, der bei keiner Einführung und Besichtigung fehlte, ist durch seine permanente Wiederholung für mich nicht überzeugender geworden. In seiner Schlichtheit drückt er mehr ein gesellschaftliches Ideal als die gesellschaftliche Wirklichkeit aus. Die Entscheidungsgewalt in chinesischen Betrieben liegt in den Händen der Experten und Parteifunktionäre, und auch der einfache chinesische Arbeiter kennt den Unterschied zwischen „denen da oben und uns hier unten." Aber es ist in der Tat seine „Arbeitseinheit", mit der sich ein Chinese identifiziert. Selbst wenn Arbeitsplatz und Wohnung organisatorisch getrennt sind, ein Chinese daher formal zwei „Einheiten" angehört, wird er sich in erster Linie seiner „Arbeitseinheit" zugehörig fühlen. Sie ist zuständig für seine materielle Versorgung, seine politische Erziehung, sie unterstützt ihn bei der Lösung privater Konflikte, bei Ehe- oder Erziehungsschwierigkeiten. Jede „Einheit" versucht daher, die Trennung von Wohnung und Arbeitsplatz zu vermeiden. Auf dem Lande hat sie nie existiert, aber auch in der Stadt versucht jede Fabrik, Schule oder Behörde nach Möglichkeit ihre Angestellten und deren Familienangehörige in „einheits"-eigenen Wohnanlagen in der Nachbarschaft der Arbeitsstätte unterzubringen. Auch diejenigen unter unseren Kommilitonen, die aus Peking stammten und deren Elternhaus oft nur eine halbe Busstunde von der Universität entfernt war, mußten in den Wohnheimen auf dem Campus bleiben und erhielten nur am Wochenende „Heimaturlaub".

Das hat praktische Gründe: Es verhindert lange Anfahrtswege. Es hat politische Gründe: Es erleichtert die Kontrolle und die Mobilisierung. Vor allem aber entspricht es den Lebensgewohnheiten und Lebensbedürfnissen der Chinesen.

Das soziale Verhalten

Das Leben im System der „Einheit" produziert soziale Verhaltensformen, die mir zu Beginn oft unverständlich vorgekommen sind und mich wegen ihrer Widersprüchlichkeit schockiert haben. Meine ersten näheren Kontakte zu Chinesen endeten mit verdoppelter Fremdheit. Wenn ich spontan auf sie zuging, zogen sie sich wie erschreckt zurück und verschanzten sich hinter einer Mauer ritueller Höflichkeit, die mich ratlos machte. Es dauerte lange Zeit, bis ich begriff, daß dieses Verhalten seine eigene Logik hatte, und daß sich hinter der scheinbaren Zurückweisung Neugier und Sympathie verbergen konnte.

Einer meiner ersten Bekannten in China war ein Psychologe von der Akademie der Wissenschaften. Informationen über Psychologie in China sind schwer zu bekommen, ich stürzte mich daher auf ihn und bombardierte ihn mit Fragen. Sofort zog er sich von mir zurück. Später, als wir vertrauter waren, verriet er mir, daß er mich damals als außerordentlich unhöflich, fast unverschämt empfunden hatte. Erstens konnte ich nicht wissen, ob er über seine Arbeit sprechen wollte oder durfte. Zweitens fühlte er sich von mir nur als

„Informationsquelle" betrachtet und nicht als Freund. Das vor allem hatte ihn verletzt und seinen Argwohn hervorgerufen.

Wie hätte sich ein Chinese verhalten? Er hätte zunächst eine Reihe von „höflichen" und scheinbar inhaltslosen Gesprächen geführt: "Haben Sie sich schon an das chinesische Leben gewöhnt? Schmeckt Ihnen unser Essen?" Vermutlich hätte er über die „Völkerfreundschaft" gesprochen. Er hätte mit Hilfe dieses Kanons ritualisierter Fragen versucht herauszufinden, wer ich bin, und ob mir der Kontakt angenehm sein würde. Irgendwann später vielleicht hätte er wie beiläufig einfließen lassen, daß auch er Interesse an psychologischen Fragen habe, um meine Bereitschaft zu testen, darüber zu sprechen.

Viele der chinesischen Umgangsformen, die mir am Anfang indirekt und unspontan, eben nur „höflich" vorkamen, sind in Wirklichkeit Ausdruck der notwendigen Fähigkeit, auf engstem Raum zusammenzuleben. Nur wenige Privilegierte in China haben die Möglichkeit, eine Zimmertür hinter sich zu schließen, um für sich zu sein. Zu den fundamentalen kulturellen Verschiedenheiten zwischen uns Mitteleuropäern und den Chinesen gehört die Selbstverständlichkeit, mit der sie akzeptieren, daß sie kaum je allein sind. Zu Beginn meines Aufenthaltes erzählte mir eine Studentin der Universität Nanjing, daß sie mit fünf anderen Frauen ein 30 qm großes Zimmer teile. Ich war erschrocken. „Wie kannst Du das aushalten?" fragte ich sie. „Hast Du denn nie das Bedürfnis, allein zu sein?" Sie sah mich erstaunt an, dann überlegte sie eine Weile. „Ich kann mir vorstellen, unglücklich zu sein, weil ich allein bin. Aber ich kann mir nicht vorstellen, unglücklich zu sein, weil ich nicht allein bin" antwortete sie mir schließlich. Diese Art des Zusammenlebens erzwingt die Einhaltung gewisser Rituale im zwischenmenschlichen Umgang. Sie mochten mir fremd oder sogar ärgerlich vorkommen, aber ich mußte lernen, sie zu respektieren, wenn ich nicht Mißverständnisse auslösen oder auf Abwehr stoßen wollte.

Die traditionelle chinesische „Höflichkeit" hat oft nur formalen Charakter. Die inflationäre Verwendung des Begriffes „Freund des chinesischen Volkes" hinderte viele Kader nicht daran, uns grundsätzlich als potentielle Spione zu betrachten und zu behandeln. Auch wäre es naiv und peinlich für alle Beteiligten, die nach jeder Besichtigung ausgesprochene Einladung, bei nächster Gelegenheit unbedingt wiederzukommen, beim Wort zu nehmen. Aber selbst die abgedroschensten Phrasen wie: „Wir müssen voneinander lernen!" oder „Freundschaft an erster, Wettkampf an zweiter Stelle!" haben noch ihren Sinn. Ihr Gebrauch schafft eine Atmosphäre, in der Distanz nicht unfreundlich und Freundlichkeit nicht aufdringlich ist.

Ich habe mit je einem Chinesen jeweils ein Jahr in einem 12 qm großen Zimmer zusammengewohnt. Beide waren sehr verschieden. Xiao Du mochte ich lieber als Lao Li. Aber nie hatte ich das Gefühl, beengt zu sein. Aus dem zufälligen Zusammenwohnen sind herzliche und respektvolle Freundschaften geworden. Es gab Tabus, über die nicht gesprochen werden durfte, Grenzen, die beachtet werden mußten. Kritik am Vorsitzenden Mao war unmöglich, Gespräche über Sexualität oder die Existenz der Arbeitslager setzten sehr große Vertrautheit voraus. Aber immer wieder hat mich die Fähigkeit chinesischer Freunde überrascht, ohne viele Fragen und Worte, auf meine Gefühle und Stimmungen einzugehen, auch dort, wo ihnen die Ursache ungewöhnlich oder befremdlich erscheinen mußte. „Du bist unglücklich, weil du ungeduldig bist. Du solltest Jeanne mehr Zeit lassen", sagte mein Zimmerkollege Du eines Abends unverhofft zu mir, als ich schlechtgelaunt nach einer Auseinandersetzung mit meiner Freundin nach Hause kam. Wohl wissend über unsere verschiedenen Moralvorstellungen, hatte ich nie mit ihm über meine Beziehungen zu Frauen gesprochen, sondern mich eher bemüht, alles was damit zusammenhing, vor ihm geheimzuhalten. Dennoch war überraschend an seiner Bemerkung nur ihre Direktheit. Sie signalisierte, daß Xiao Du mich als Freund akzeptiert hatte. Jedem anderen gegenüber wäre sie unmöglich, „unhöflich" gewesen.

Einfach sind diese Freundschaften für mich nie gewesen. Freundschaften mit Chinesen verlangen ein außergewöhnliches Maß an Aufmerksamkeit und Pflege. Sie erinnerten mich gelegentlich an die „Jungensfreundschaften", die ich als 14-jähriger zu schließen pflegte, mit dem Unterschied, daß „der beste Freund" hier 35 und Kader in einem Ministerium war. Es war in ihnen ein Anspruch auf Ausschließlichkeit enthalten, der sich bis zur Eifersucht steigern konnte, ein Verhalten, das mir bisweilen nahezu kindlich vorkam. Darin spiegelt sich eine Besonderheit des in China üblichen Verhältnisses der Geschlechter untereinander wider. Männer- bzw. Frauenfreundschaften ersetzen bis zu einem gewissen Grad zwischengeschlechtliche Beziehungen, die vor der Ehe nur in engen Grenzen toleriert werden.

Auf der anderen Seite schafft diese Art von Beziehungen eine Atmosphäre, die spontane nichtsexuelle Zärtlichkeit offen zuläßt. Nicht nur Frauen, auch Männer spazieren in ihrer Freizeit Hand in Hand durch die Straßen und Parks von Peking.

Als ich zum ersten Mal zwei chinesische Bekannte zum Schachspielen zu mir einlud, setzte sich der eine neben mich, legte ganz selbstverständlich seinen Kopf an meine Schulter. Ich bin wohl erschrocken und habe mich innerlich zusammengezogen, denn er sah mich erstaunt an und rückte dann ein Stückchen von mir ab.

Als eine ausländische Bekannte wegen eines schweren Kummers eines Abends deprimiert in ihrem Bett vor sich hinbrütete, legte sich ihre chinesische Zimmerkollegin ohne viel zu fragen neben sie und streichelte sie. So schliefen sie beide ein.

Die Fähigkeit der Chinesen zu Rücksichtnahme und Einfühlung und ihre Begabung für soziales Verhalten hat Grenzen. All diese Tugenden entfalten sich vor allem innerhalb bestimmter sozialer Bezüge: Familie, Freunde und „Einheit". Ich war verblüfft, wie asozial Chinesen sich außerhalb dieses Bezugsrahmens oft verhalten. Ein deutscher Student in Shanghai stieß beim Verlassen des Universitätsgebäudes auf einen Mann, der offensichtlich ohnmächtig auf dem Gehsteig vor dem Eingangsportal zusammengebrochen war. Sofort alarmierte er den Pförtner und bat ihn, einen Arzt zu rufen. Der Pförtner marschierte aus seinem Häuschen, sah sich die Sache an und meinte achselzuckend, die Sache ginge ihn nichts an, der Mann gehöre nicht zu seiner „Einheit". Erst massive Beschimpfungen und ein herbeigeholter Kader konnten ihn bewegen, eine Ambulanz zu verständigen.

Derart gleichgültiges, sogar brutales Verhalten gegenüber „Außenstehenden" habe ich nicht selten beobachtet. Während jeder Chinese von seinem Sitz im Omnibus aufspringen wird, um einem Ausländer Platz zu machen, bleibt er oft genug unbeeindruckt sitzen, wenn eine hochschwangere Frau mit Gepäck den Bus besteigt, es sei denn, sie wäre Mitglied seiner Familie oder seiner „Einheit" oder ihm sonstwie persönlich bekannt.

Die Beschränkung rücksichtsvollen Verhaltens auf den Umkreis der engeren sozialen Bindungen hat ihre Wurzel im traditionellen chinesischen Gesellschaftssystem. Nicht der Gesellschaft, sondern seiner Sippe fühlte sich ein Chinese im alten China verantwortlich, und der konfuzianische Kodex richtigen sozialen Verhaltens galt in erster Linie für sie. Ihre Interessen galt es vor allem zu wahren, auch wenn dabei die Gesellschaft zu Schaden kommen sollte. Auch hierin ist die „Einheit" bis zu einem gewissen Grad an die Stelle des

Clans getreten.

Die Tendenz, die Welt an den Mauern der eigenen „Einheit" enden zu lassen, führt manchmal zu wunderlichen Konsequenzen. Als ich vom Sprachen-institut an die Universität übersiedelte, also meine „Einheit" wechselte, bat ich meinen Zimmerkollegen Li, mich zu begleiten. Gemeinsam trugen wir mein Gepäck zum Bus, der mich zur Universität transportieren sollte. Beim Einladen erklärte er mir, er könne nicht mitfahren. Es sei der Bus einer anderen „Einheit". Er werde mit dem Fahrrad nachkommen. Ich glaube nicht, daß der begleitende Kader Einwände erhoben hätte, wenn er eingestiegen wäre. Es gehörte sich einfach nicht.

Asoziales Verhalten außerhalb der „Einheit" kann sich innerhalb der „Einheit" fortsetzen, vor allem im Verhältnis von Familie und „Einheit". Die „Einheit" bildet ja nicht nur ein Geflecht „formeller", d.h. politischer und administrativer Beziehungen. Sie umschließt ein Netz „informeller" Abhängigkeiten: Freundschaften, Fraktionen und, vor allem auf dem Lande, familiäre und verwandtschaftliche Bindungen. Ich habe schon mehrfach von der Verwandtschaft der „Einheit" zum früheren Clan gesprochen. Aber diese Analogie hat ihre Grenzen. Im Gegensatz zur Sippe, die auf den Bindungen von Ehe und Blutsverwandtschaft beruht, ist die„Einheit" nach funktionalen Gesichtspunkten organisiert. Und während der Clan in erster Linie die Interessen seiner Angehörigen zu vertreten hatte, hat die „Einheit" vor allem die Aufgabe, die allgemeinen gesellschaftlichen Ziele an der Basis durchzusetzen, notfalls auf Kosten ihrer Mitglieder. Familie und „Einheit" stehen daher oft in einem komplizierten Spannungsverhältnis.

Vor dem Sturz der „Viererbande", als es noch offizielle Politik war, Jugendliche mit Mittelschulabschluß für einige Jahre zur Arbeit aufs Land zu schicken, versuchten viele Eltern durch Bestechung oder Beziehungen, die „Einheit" dazu zu bewegen, ihre Kinder als „unabkömmlich" in der Stadt festzuhalten. Aus einer Wandzeitung erfuhr ich, daß dafür in der Regel 400 yuan aufzubringen waren, das halbe Jahresgehalt eines Facharbeiters.

Es gibt im Chinesischen den Begriff „zou hou menr", „durch die Hintertüre gehen". Er bezeichnet jene Fälle von alltäglicher Korruption, die in China sehr häufig sind. Dabei sind verwandtschaftliche Beziehungen ebenso oft im Spiel wie Geld. Meine Tante ist Abteilungsleiterin in einem Warenhaus. Sie kann eine begehrte und daher schnell verkaufte Bluse für mich zurückhalten.

Es gibt Artikel, die so den Ladentisch gar nicht erst erreichen. Der Freund des Schwagers meines Onkels ist der Kriegskamerad eines hohen Offiziers. Er wird ihn bitten, sich dafür einzusetzen, daß ich in die Armee aufgenommen werde, der Traum fast aller jungen Chinesen.

Zu den unglaublichen Selbstverständlichkeiten meiner Chinaerfahrung gehört auch die Sicherheit, daß Ausländer kaum je betrogen oder bestohlen werden. Unglaublich vor allem dann, wenn man bedenkt, daß selbst ich als Student in den Augen der Chinesen unermeßlich reich erscheinen mußte. Jeder Kellner wäre zu Tode beleidigt, wenn man ihm ein Trinkgeld anbieten würde. Aber derselbe Kellner würde vermutlich unbedenklich „durch die Hintertüre gehen", um ein zusätzliches Pfund Zucker zu ergattern. Er weiß natürlich, daß er etwas Unerlaubtes tut. Aber er wird diesen kleinen Freundschaftsdienst en famille nicht als kriminelles Delikt empfinden. Die „Einheit" wird von Zeit zu Zeit eine ideologische Kampagne gegen die Benutzung von „Hintertüren" starten. Aber ihr scheinbar perfektes System der Kontrolle kapituliert in der Regel vor der Macht verwandtschaftlicher Solidarität. Auch Kader haben Verwandte.

So erweist sich das scheinbar geschlossene Gebilde der „Einheit" bei näherem Hinsehen als ein Mikrokosmos von Widersprüchen. Das scheinbar unvermittelte Nebeneinander und Ineinander von sozialer Enge und Offenheit, von Repression und Fürsorge schafft Lebensformen, die den unseren nicht fremder sein könnten. Dennoch hat die Institution der „Einheit" viel dazu beigetragen, daß ich mich in China „beheimateter" gefühlt habe, als je zuvor in meinem Leben.

Die Industrialisierung hat bei uns das Netz der traditionellen sozialen Bindungen zerrissen und kein neues geknüpft, das in der Lage wäre, einem allgegenwärtigen Konkurrenzkampf, der Einsamkeit und der Angst vor dem Alter und der „Unbrauchbarkeit" Widerstand zu leisten. Als ich nach zwei Jahren aus China nach Deutschland zurückkehrte, schlug mir vom Moment an, in dem ich das Flugzeug verließ, der deutsche Smog aus Hektik, Aggression und Verzweiflung entgegen, der mir im Verlauf meines Lebens so selbstverständlich geworden war, daß ich aufgehört hatte, mir seines Schreckens bewußt zu sein. Erst die Macht dessen, was bei uns verhamlosend „Kulturschock" genannt wird, machte mir deutlich, an welches Maß von Lebenssicherheit, Ruhe und gesellschaftlicher Orientierung ich mich in China gewöhnt hatte. Ich glaube nicht, daß ich das Leben in einer chinesischen „Einheit" auf Dauer ertragen könnte. Die Spielräume unserer „individuellen Freiheit" mögen sich bei näherem Hinsehen oft genug als fiktiv erweisen, und sie bieten mir keinen Ersatz für die Grunderfahrung der sozialen Einsamkeit in unseren westlich-kapitalistischen Gesellschaften. Aber, aufgewachsen in den Traditionen und Gewohnheiten dieser Gesellschaft, bieten sie mir mehr „persönliche" Entfaltungsmöglichkeiten, als die bürokratische Enge der chinesischen „Einheit". Auch für Chinesen kann diese Enge und die ständige Kontrolle durch die „Einheit" leidvoll sein. Gerade in den letzten Monaten ist die Forderung vor allem der städtischen Jugend nach größerer individueller Freizügigkeit unüberhörbar geworden. Über alle seine Schranken und Mängel sollte man jedoch die einzigartige Funktion des Systems der „Einheit" nicht vergessen: Es verhindert, daß an die Stelle der zerstörten traditionellen Bindungen und Werte ein Vakuum tritt, und bietet so eine Gewähr dafür, daß die Menschen Chinas die Schrecknisse der Industrialisierung unbeschadeter überstehen als wir.

5. Macht und Vertrauen

Demonstrationen in Peking sind ein unvergleichliches Schauspiel. Vom frühen Morgen bis in die Dunkelheit ziehen die endlosen Kolonnen der Teilnehmer in gegenläufiger Richtung über die riesige „Avenue des Ewigen Friedens", die Peking von Ost nach West durchschneidet, quer über den Platz des „Himmlischen Friedens", vorbei an den architektonischen Symbolen des alten und des neuen China, dem Kaiserpalast, der Halle des Volkes, dem Historischen Nationalmuseum und dem Mausoleum für den toten Mao, vorbei an den Hotels und Bürohochhäusern. „Einheit" um „Einheit" zieht vorüber, jede vorneweg ein kunstvolles Transparent mit ihrem Namen, dahinter ein Last- oder Handwagen mit einer dickbauchigen chinesischen Trommel; vier Männer mit nacktem Oberkörper, schweißgebadet, bearbeiten sie mit schweren rhythmischen Schlägen. Dazwischen die hellen Töne von Gongs und Knallkörpern. Die Fahnen: Kaskaden von rotem Tuch, in dem sich glühend das Licht verfängt. Aber nicht nur rot, auch türkis, gelb, grün dazwischen. Nicht genug damit: Jeder Teilnehmer schwenkt kleine bunte Papierwimpel, beschriftet mit

den jeweiligen Parolen. Die jedesmal gleiche und immer wieder neue Hauptattraktion: Vertreter der nationalen Minderheiten mit ihren farbenberstenden Kostümen, ihren bizarren Musikinstrumenten. Manche von ihnen tanzen auf der Straße, klatschen in die Hände oder schwingen rote Tücher mit einer Kunstfertigkeit, die mich schwindelig macht. Das wirre Aufbranden der Parolen, angetrieben von Begleitern mit Megaphonen, und über die Straße weht die Musik revolutionärer Lieder aus den Lautsprechern. Das Ganze macht übrigens weder einen militärischen noch einen fanatischen Eindruck. Die anfänglichen Achterreihen lösen sich bald ins Ungefähre auf, es bilden sich Strudel und Strömungen, eine Kolonne beginnt zu galoppieren, um Anschluß an ihre Vorderleute zu gewinnen, dann bleibt sie wieder stehen, um nicht in sie hineinzurennen. Drei Tage kann sich das hinziehen, Hunderttausende, Millionen von Menschen sind daran beteiligt.

Zwei dieser Demonstrationen werde ich nie vergessen. Die eine am 7. April 1976, als die „Massen" auf diese Weise ihre Unterstützung für die Entscheidung der Führung der Kommunistischen Partei Chinas kundtaten, Deng Xiaoping aller seiner Ämter in der Partei zu entheben. Die andere am 1. August 1977, als die gleichen „Massen" die Entscheidung der Führung der Kommunistischen Partei China bejubelten, Deng Xiaoping wieder in alle seine früheren Funktionen einzusetzen.

Waren die „Massen" nur Staffage? Ich meine, wie auf so viele chinesische Fragen lautet die richtige Antwort ja und nein.

Beide Male waren die Manifestationen nicht wirklich spontan, sondern vorbereitet und durchorganisiert bis ins Detail. Es waren politische Rituale, an denen man teilzunehmen hatte, auch wenn man persönlich seine Zweifel an der Weisheit der jeweils getroffenen Entschlüsse hegte.

Doch gab es zwischen den beiden Demonstationen einen bemerkenswerten Unterschied. Er war mehr fühlbar als sichtbar. Das Aufgebot war beide Male das gleiche, dieselben Trommeln, dieselben Fahnen. Aber beim ersten Mal fehlte der Schwung, es wirkte müde und lustlos. Wir schoben das damals auf die Routine, einen gewissen Überdruß an dergleichen Spektakeln. Man ging pflichtschuldigst hin, schwenkte pflichtschuldigst sein Fähnchen und kehrte hinterher erschöpft und erleichtert nach Hause zurück.

Das war, wie sich herausstellen sollte, nur die halbe Wahrheit. Schon fünf Monate später, nach dem Sturz der „Viererbande", war die Atmosphäre wie ausgewechselt. Ausgelassen, fast karnevalistisch; nie hatte ich die Menschen in Peking derart gelöst und übermütig erlebt. Sie lachten, luden uns vom Strassenrand ein, mitzumarschieren, drückten uns Papierfähnchen in die Hand. „Haben Sie schon demonstriert?" fragten sich die Leute, wenn sie sich begrüßten.

Beides spiegelt sich in den Demonstrationen wider: die Allmacht der Partei und ihre Grenzen.

Die Allmacht der Partei

Allmacht der Partei - das klingt furchteinflößend und in vieler Hinsicht ist es das auch. Und die Enthüllungen über Machtmißbrauch, Korruption und Unterdrückung nach dem Sturz der „Viererbande" schienen meine Befürchtungen zu bestätigen. Aber ich machte die erstaunte Feststellung, daß sie von kaum einem meiner chinesischen Bekannten geteilt wurden. Nicht alle waren mit dem neuen Kurs einverstanden, aber ihr Vertrauen in die Partei als Ganzes war ungebrochen. „Du verstehst das eben nicht", pflegten sie bei Diskussionen früher oder später zu sagen. In der Tat.

Es geht im Folgenden um das Politische System Chinas, das heißt, es geht um zwei Dinge: Um Macht und um Vertrauen.

Macht: Wer besitzt sie? Benutzt sie wofür? Wie wird sie ausgeübt? Wer kontrolliert sie?

Wer besitzt die Macht? Die Antwort scheint simpel: Die Kommunistische Partei. Es gibt in China keinen einzigen Bereich des Lebens und der Arbeit, der nicht direkt von der Kommunistischen Partei geleitet und kontrolliert wird. Der Staatsapparat, die Massenorganisation – Gewerkschaften, Frauenverband etc. – , die sozialen Institutionen, die Massenmedien, sie alle sind Instrumente der Kommunistischen Partei, dienen der Verwirklichung ihrer politischen Ziele. Noch immer existieren in China mehrere zugelassene, nichtkommunistische Parteien; sie verfügen über Sitze im Parlament, dem „Nationalen Volkskongress" und sie wurden nach dem Sturz der „Viererbande" sogar propagandistisch aufgewertet. Aber ich glaube nicht, daß viele Chinesen sie beim Namen nennen könnten, und ihre Hauptaufgabe besteht auch heute darin, sich „vorbehaltlos hinter die Politik des Zentralkommitees der Kommunistischen Partei zu stellen". Die nicht kommunistischen Gruppen verfügen sogar über eine überregionale Zeitung, die „Guangming Ribao", aber man wird in ihr vergeblich den geringsten Unterschied zum politischen Standort der parteioffiziellen „Volkszeitung" suchen.

In China liegt verhältnismäßig viel Macht in den Händen verhältnismäßig weniger Leute. Die Kommunistische Partei selbst ist nicht groß, relativ. Dreissig Millionen Mitglieder, das sind gerade 3% der Bevölkerung. Als Kaderpartei des leninistischen Typs achtet sie sehr auf die Auswahl ihrer Mitglieder, es ist schwierig und langwierig, in ihre Reihen aufgenommen zu werden. Artikel 2 des neuen Parteistatus legt fest: *„Wer um die Aufnahme in die Partei nachsucht, hat sich einzeln einem Aufnahmeverfahren zu unterziehen, muß die Empfehlung von zwei Parteimitgliedern haben, ein Antragsformular ausfüllen und von der betreffenden Parteizelle überprüft werden, wobei die Meinungen der Massen innerhalb und außerhalb der Partei weitestgehend anzuhören sind ..."* (11) Wenn man das alles hinter sich hat, ist man erst „Kandidat", ein Jahr später muß in einem ähnlich komplizierten Verfahren nochmals über die Aufnahme als Vollmitglied entschieden werden. Nicht alle Parteimitglieder, die ich getroffen habe, entsprachen den hohen moralischen und politischen Anforderungen, die das Parteistatut an einen Angehörigen der Kommunistischen Partei stellt. Doch verlieh ihnen schon die Schwierigkeit des Aufnahmeverfahrens ein gewisses soziales Prestige und gab ihnen das Gefühl, einer Elite anzugehören.

Aber die tatsächliche Macht im Staate liegt ja nur zum geringen Teil in den Händen der einfachen Parteigenossen Wang, Zhang und Li. Sie liegt vor allem bei der Gruppe von Spitzenfunktionären in den Führungsgremien von Staat und Partei. Um meinen Eindruck vorweg zu nehmen: Die Frage, wohin sich

China entwickelt, wird nicht ausschließlich, aber in einem gefährlich großen Ausmaß, durch die wenigen Personen entschieden, die diese Spitzenpositionen besetzt halten.

Zutritt zu und Ausschluß aus diesem Kreis werden im wesentlichen intern geregelt. Formal werden die höheren Staats- und Parteifunktionäre auf Parteitagen und Volkskongressen gewählt. Aber die Kandidatenlisten für diese Wahlen werden von der jeweils höheren Ebene erstellt, und es ist unvorstellbar, daß an dem von der Parteiführung vorgelegten Vorschlag zur Wahl des Zentralkomitees nennenswerte Änderungen vorgenommen werden.

Sowohl der Sturz Lin Biaos, wie der der „Viererbande" vollzog sich im engsten Kreis der Staats- und Parteiführung; die Bevölkerung und die unteren Gliederungen der Partei wurden dabei vor vollendete Tatsachen gestellt. Als ich das erste Mal von einem Vertreter der italienischen Botschaft in Peking die Nachricht von der Verhaftung Jiang Qings hörte, hielt ich es für eines der in Peking üblicherweise grassierenden Gerüchte. Ich wandte mich daher an einen chinesischen Bekannten, Kader in einem Ministerium und Parteimitglied, und teilte ihm mit, was ich gehört hatte. Er sah mich nur nachdenklich an und wollte sich nicht dazu äußern. Ich hielt das für eine Bestätigung, nahm an, er wisse Bescheid, wolle mir das aber nicht direkt mitteilen. Weit gefehlt! Wie ich später erfuhr, rannte er spornstreichs zu seinen Kollegen, um ihnen mitzuteilen: „Es stimmt, sie ist verhaftet. Die Ausländer wissen es schon." Erst zwei Tage später erhielten sie intern die offizielle Benachrichtigung. Der Eindruck, daß sich politische Veränderungen in China häufig in Form von Palastrevolutionen vollziehen, ist daher nicht ganz falsch, wenn auch äußerst oberflächlich.

So ist die Parteiführung nicht nur der Kontrolle durch die „Massen", sondern auch durch die gewöhnlichen Parteimitglieder entzogen. Sie bildet im buchstäblichen Sinne eine „geschlossene Gesellschaft", verborgen hinter den hohen, hermetisch bewachten Mauern des Staatsrates neben dem alten Kaiserpalast oder des Regierungsviertels im Westen Pekings, hinter den stets zugezogenen Vorhängen der schwarzen „Hongqi" Limousinen. Ihr Privatleben und ihre persönlichen politischen Positionen bilden den Nährboden für Gerüchte und Spekulationen, nicht nur unter westlichen „Chinaexperten", sondern auch in der chinesischen Bevölkerung. Erst mit dem Sturz wird beides der öffentlichen Kritik preisgegeben. Selten ist das so deutlich geworden, wie im Fall der „Viererbande". Wenn man den Erzählungen der Chinesen und den

Berichten in der Presse traut, dann gibt es kaum ein Gesetz, eine parteiinterne Regel oder ein politisches Prinzip, das ihre Vertreter nicht verletzt oder übertreten hätten. Bei einem großen Teil der Bevölkerung waren sie verhaßt. Es hat hier und da Widerstand gegeben, Kritik, Wandzeitungen, aber nur wenige haben sich ihnen offen widersetzt.

Die Gründe dafür sind vielfältig, und sie summieren sich zu einem Spiegelbild der politischen Kultur in China.

Das Fehlen demokratischer Tradition und demokratischen Bewußtseins: Der nahezu übergangslose Wechsel von einer jahrtausendealten Feudalgesellschaft zum Sozialismus hat im politischen Denken und im politischen Alltag Chinas tiefe Spuren hinterlassen. Feudalismus und Sozialismus mischen sich im chinesischen System auf eine verwirrende und unentwirrbare Weise. Elemente von Basisdemokratie und die Konzeption der „Massenlinie" verbinden sich mit „Personenkult" und feudaler Gefolgschaftstreue; sozialistisches „Bewußtsein" vermengt sich mit magischem Denken. Die Rotgardisten der Kulturrevolution, jene „Vorkämpfer einer neuen sozialistischen Generation" beschworen und erneuerten ihre Kräfte im Kampf gegen Bürokraten und „Revisionisten" im rituellen Skandieren aus dem Zusammenhang gerissener und sinnentleerter Maozitate. Ein Chinese hat mir erzählt, daß in seinem Heimatdorf in demokratischer Diskussion mit den „Massen" beschlossen wurde, die zerstreuten Gehöfte zu einer geschlossenen Siedlung zusammenzulegen, um Ackerland zu gewinnen und die Bauern an den Segnungen der modernen Zivilisation teilhaben zu lassen. Das Parteikomitee des Ortes ließ daraufhin einen Geomanten kommen, um den Bauplatz und einen günstigen Tag für den Baubeginn zu bestimmen.

In den Augen vieler Chinesen legitimiert sich die Macht, die eine Person ausübt, auch heute noch ganz direkt durch die Position, die sie innehat. Sie wird in gewisser Weise unantastbar, wenn sie in der Hierarchie weit genug oben steht. Unsere chinesischen Kommilitonen waren beim Durchblättern westlicher Zeitschriften immer irritiert über die Karikaturen führender Staatsmännern. Karikatur ist in China eine Waffe im Kampf gegen den „Klassenfeind"; es wäre undenkbar, Hua Guofeng oder Deng Xiaoping zum Gegenstand einer satirischen Zeichnung zu machen.

Kritisiert, gar abberufen werden kann ein Mitglied der Parteiführung nur von Gleich- oder Höhergestellten, offene Kritik von unten beschränkt sich auf

Ausnahmesituationen und wird schnell zur „konterrevolutionären Aktion". Als am 4. April 1976 die „Massen" der Hauptstadt in Wandzeitungen und Demonstrationen offen ihre Sympathie für den verstorbenen Ministerpräsidenten Zhou Enlai und ihren Widerwillen gegen Jiang Qing und andere Mitglieder der „Viererbande" zum Ausdruck brachten, fanden das viele meiner chinesischen Bekannten „unerhört", obwohl sie mit den Zielen der Aktion sympathisierten. „Unerhört" war für sie der Angriff auf führende Mitglieder des Zentralkomitees *vor den Augen der Öffentlichkeit*, auf dem geheiligten Platz des Himmlischen Friedens, dem symbolischen Zentrum Chinas. In ihren Augen kam das einem Angriff auf das sozialistische System selbst gleich, und nur wenige konnten sich vorstellen, daß die Aktion nicht von Hintermännern in hohen Parteiämtern initiiert und gesteuert worden war. Ihre Legitimation erhielten die Demonstrationen auf dem Tiananmenplatz erst, als sie von der Parteiführung im November 1978, mehr als zwei Jahre später, zur „revolutionären Bewegung" erklärt worden waren.

Umgekehrt wird die Kritik an einem führenden Parteifunktionär zur Pflicht, wenn er vom entsprechenden Parteigremium als „Klassenfeind" entlarvt und aus der Partei ausgestoßen worden ist. Über die Absetzung Deng Xiaopings mag die Mehrheit der Chinesen eine andere Meinung gehabt haben, als die damalige Parteiführung. Aber das ist für wenige ein Grund gewesen, sich nicht an der Abfassung offizieller Wandzeitungen zu beteiligen, die ihn als „obersten Parteigänger des Kapitalismus" verdammten. Auch heute wird ein leidenschaftlicher Anhänger der „Viererbande" den Aufruf zur freien, demokratischen Meinungsäußerung kaum dazu benutzen, ihre Politik in der Öffentlichkeit zu verteidigen.

Es ist heute noch nicht abzusehen, wie weit der seit dem Sturz der „Viererbande" in die Wege geleitete Demokratisierungsprozeß führen wird. Aber selbst wenn die gegenwärtige Parteiführung bereit ist, ihn konsequent und mutig fortzuführen, wird es ein schwieriger und langwieriger Prozeß sein. In einem so riesigen und widersprüchlichen Land ändern sich die politischen Gewohnheiten und das gesellschaftliche Denken der Menschen nicht in wenigen Jahren.

Einschüchterung des politischen Gegners: Die „Viererbande" ist, soweit sie die Macht dazu hatte, mit ihren Gegnern sehr unsanft umgegangen. Manche wurden ohne formale Anklage verhaftet und in Arbeitslager gesteckt. Manche verschwanden einfach aus ihren Wohnungen und wurden nicht mehr gesehen. Es hat Folterungen gegeben. Man konnte sich unversehens als „Parteigänger des Kapitalismus", „Revisionist" oder „zweifelhaftes Element" wiederfinden, organisierten „Kampf-Kritik-Versammlungen" ausgesetzt und verschärft überwacht. Die von Mao Zedong geforderte „Fortführung des Klassenkampfes" und die „Kritik am bürgerlichen Recht" diente ihnen als Legitimation, jedem, der sich ihrer Politik widersetzte, die „Mütze des Klassenfeindes aufzusetzen". In den Jahren vor dem Sturz der „Viererbande" herrschte in China ein auch für uns Ausländer spürbares Klima der Einschüchterung und der Heuchelei. Der Mut derer, die sich trotz allem zur Wehr setzten, war wahrhaft erstaunlich.

Unsicherheit über die gesellschaftlichen Normen: Die chaotischen Jahre der Kulturrevolution, der Sturz Lin Biaos und die ihm folgenden innerparteilichen Grabenkämpfe hatten zu einer allgemeinen Unklarheit über die für eine sozialistische Gesellschaft gültigen politischen und gesellschaftlichen Normen geführt.

Auf eine Reihe von aufgeworfenen Fragen hatte die Partei noch keine autoritativen Antworten geben können. Wie sollte da ein kleiner Kader oder gar der Mann auf der Straße wissen, was richtig war? Was war wichtiger – Revolution oder Produktion? "Es war zum Verrücktwerden!" beschrieb uns der Parteisekretär einer Fabrik die Situation, „Trieb man die Produktion voran, wurde man als „Revisionist", als Vertreter der „Theorie der Produktivkräfte" angegriffen. Ließ man die Produktion schleifen, wurde man der Sabotage am sozialistischen Aufbau beschuldigt." Waren die formalen rechtlichen Garantien ein wichtiger Bestandteil des sozialistischen Systems oder waren sie ein bürgerliches Relikt, das man über Bord werfen mußte, um den Klassenkampf voranzutreiben? Hatte nicht der Fall Liu Shaoqis und Lin Biaos gezeigt, daß sich Verräter und Klassenfeinde unter der Maske des Biedermannes bis in die höchsten Führungsämter schleichen konnten? Wer also konnte wissen, ob der beliebte Kreisparteisekretär Zhang nicht auch in Wahrheit ein verkappter Konterrevolutionär war? Und wer konnte das besser wissen, als die übergeordneten Instanzen oder die Parteispitze?

Die Forderung nach Parteidisziplin: Der „demokratische Zentralismus", das Organisationsprinzip der kommunistischen Partei, verlangt die strikte Unterordnung der unteren Ebene unter die jeweils höhere. Disziplin ist eine der wichtigsten Forderungen an ein Parteimitglied und sie gehört zum Kern seines Selbstverständnisses. Gewiß gab es im alten Parteistatut auch die Forderung, im Notfall „gegen den Strom zu schwimmen". Aber dieser Passus, der übrigens im neuen Parteistatut nicht mehr enthalten ist, war nie als eine rechtliche Garantie zu verstehen. Er war gemeint als ein moralischer Auftrag an einen überzeugten Kommunisten, der das Risiko in sich einschloß, dafür verfolgt zu werden. "Gegen den Strom zu schwimmen" ist auch in China gefährlich, und zumindest unter dem Regime der „Viererbande" konnte es Gefahr für Leib und Leben mit sich bringen. Auch wenn man seine Zweifel an der Richtigkeit der offiziellen Politik hegte, war es in jedem Fall einfacher, sich hinter der Parteidisziplin zu verschanzen.

D i e U n a n t a s t b a r k e i t d e s F ü h r e r s : Jiang Qing war vielerorts verhaßt, sie wurde heimlich als „Hexe" beschimpft und verspottet. Aber sie war eben auch die Frau Mao Zedongs. Damit stand sie im Bannkreis der Verehrung seiner Person. Mußte nicht ein offener Angriff auf sie als Attacke auf den Großen Vorsitzenden selbst verstanden werden?

V e r t r a u e n i n d i e P a r t e i : Es gab schließlich das ungeheure Vertrauen, das die Partei und ihre Repräsentanten bei der großen Mehrheit des chinesischen Volkes genoß und nach wie vor genießt. Dieses Vertrauen ist eines der konstituierenden Elemente des chinesischen politischen Systems. Ich werde daher später noch einmal ausführlich darauf zurückkommen.

So erscheint den meisten Chinesen die Allmacht der Partei und daraus hervorgehend die Allmacht der Parteiführung eher selbstverständlich als bedrohlich. Erst die Erfahrung der Kulturrevolution und ihrer Folgen hat den Chinesen allmählich zum Bewußtsein gebracht, daß auch die Parteispitze nicht unfehlbar ist. „Vor der Kulturrevolution war das doch so", erklärte mir ein chinesischer Bekannter, „wenn der Vorsitzende Mao was gesagt hat, war's richtig. Wenn Liu Shaoqi was gesagt hat, war's auch richtig. Wir wären gar nicht auf die Idee gekommen, da nach Widersprüchen zu suchen." Die Kulturrevolution hat letztlich an den gesellschaftlichen Strukturen Chinas wenig geändert. Aber sie hat das politische Bewußtsein der Chinesen so weit geschärft, daß heute sogar eine vorsichtige Kritik am Großen Vorsitzenden möglich geworden ist.

Die Grenzen der Allmacht

Einheit und Allmacht von Staat, Partei und Ideologie, dergleichen System pflegt man hierzulande als „totalitäre Gesellschaft" zu bezeichnen. Die Erfahrung der chinesischen Wirklichkeit hat mich gelehrt, daß solche Begriffe vor ihr versagen. Sie führen nur dazu, daß wir uns den Beunruhigungen und Fragen entziehen, die ein Land stellt, das sich aus vielen Gründen ein anderes politisches System und eine andere politische Zukunft gewählt hat, als die westlich-kapitalistischen Industrienationen. Das daher störrisch genug ist, sich unseren politischen Begriffen und Interessen zu verweigern.

Denn in China sind der Allmacht der Partei Schranken gesetzt, mehr noch, sie setzt sich selbst Schranken. Nur sind sie weniger formal rechtlicher als vielmehr politischer und ideologischer Natur. Das macht sie nicht weniger wirksam. Im Gegensatz zu einer hierzulande häufig vertretenen Ansicht ist das Recht ja weniger eine Schranke der Macht als vielmehr ihr Abbild.

Die Fraktionen

Die erste Schranke, die der Parteiführung in ihrer Entscheidungsfreiheit gesetzt ist, sind die Interessen mächtiger Gruppierungen innerhalb der Partei.

Die Demonstrationen gegen Deng Xiaoping und die gegen die „Viererbande" unterschieden sich noch in einem weiteren Punkt. Im ersten Fall fehlte die Armee. Zu Bewußtsein kam uns das erst, als wir nach dem Sturz der „Viererbande" die olivgrünen Kolonnen der Volksbefreiungsarmee bei den Demonstrationen mitmarschieren sahen. Etwas disziplinierter als die übrigen Teilnehmer, aber durchaus lässig in ihren schlafanzugähnlichen Uniformen und selbstverständlich ohne Waffen. Auf diese Weise wurde unmissverständlich klar, auf welcher Seite des innerparteilichen Krieges die Armeeführung stand.

Solche offenkundigen Äußerungen innerparteilichen Zwistes sind allerdings selten. Die Kommunistische Partei Chinas bietet einem Außenstehenden ein merkwürdiges Bild. Sie erscheint geschlossen und monolithisch bis zu dem Augenblick, wo unvermutet heftige Führungs- und Linienkämpfe aufbrechen, die im Extremfall das ganze Land durcheinanderwirbeln können, wie in der Kulturrevolution. Nach ihrer Beendigung stellt sich der Zustand scheinbarer Einmütigkeit wieder her.

In Wirklichkeit vereinigt die Kommunistische Partei Chinas in sich ein ganzes Spektrum gesellschaftlicher Tendenzen und Widersprüche. Auch die KP Chinas erlaubt nicht das o f f e n e Gegeneinander verschiedener Fraktionen innerhalb der Partei. Da aber der maoistische Marxismus davon ausgeht, daß es auch in einem sozialistischen Staat elementare gesellschaftliche Widersprüche gibt, und daß sich diese Widersprüche auch innerhalb der Partei widerspiegeln müssen, erlaubt er einen gewissen Spielraum für unterschiedliche politische Postitionen und Strategien.

Zu Beginn der 50er Jahre kam es innerhalb der Parteispitze zu heftigen Auseinandersetzungen zwischen Mao Zedong und dem in der Kulturrevolution gestürzten Staatspräsidenten Liu Shaoqi. Zankapfel war die Frage der Kollektivierung der Landwirtschaft. Mao wollte sie sofort, Liu lehnte sie als vorzeitig und überhastet ab. Obgleich das eine innerpolitische Schicksalsfrage

Chinas war, führte der damalige Sieg Maos weder zum Ausschluß Liu Shaoqis aus der Partei, noch hat er irgend eines seiner Parteiämter abgeben müssen. Ausschlaggebend war, daß Liu sich damals der Mehrheitsentscheidung der Partei unterwarf und, zumindest nach außen hin, ihre Politik vertrat.

Wichtig ist, daß die Einheit des Handelns gewahrt bleibt. Nirgends macht sich das Prinzip der Trennung von „innen" und „außen" entschiedener geltend als hier. „Innen" mag es heftige Auseinandersetzungen geben, nach „außen" muß jedoch die Geschlossenheit des Handelns auf jeden Fall gewahrt bleiben. In seinem Bericht über die Neufassung des Parteistatuts zitierte der stellvertretende Parteivorsitzende Ye Jianying mit Nachdruck eine Weisung Mao Zedongs: *„Eine der Regeln der Parteidisziplin ist, daß sich die Minderheit der Mehrheit unterzuordnen hat. Nachdem die Ansichten der Minderheit abgelehnt worden sind, muß sie die mehrheitlich angenommenen Beschlüsse unterstützen. Außer daß sie auf der nächsten Sitzung zu gegebener Zeit ihre Vorschläge erneut unterbreiten kann, darf sie in ihren Handlungen keinerlei Kennzeichen des Widerstandes zum Ausdruck bringen."*(12)

Bevor er im Herbst 1978 seines Postens enthoben wurde, stand der frühere 1. Parteisekretär von Peking Wu De ziemlich weit oben in der Parteihierarchie. Von ihm ist bekannt, daß er sich bis zuletzt gegen die Rehabilitierung Deng Xiaopings gestemmt hat. Trotzdem war keiner meiner chinesischen Bekannten verwundert darüber, daß er im Stadion von Peking die Feierrede hielt, in der der Bevölkerung der Hauptstadt dieser Beschluß offiziell mitgeteilt und erläutert wurde.

Zu offenen, jedermann sichtbaren Auseinandersetzungen kommt es erst, wenn eine Gruppe innerhalb der Partei nicht mehr bereit ist, sich dieser Disziplin zu fügen. Das war bei der „Viererbande" der Fall, aber auch bei Mao Zedong selbst. Auch er befand sich zu Beginn der Kulturrevolution innerhalb der Parteiführung in einer Minderheitsposition. Die Begründung, den offenen Bruch zu wagen, war in beiden Fällen die gleiche: China steht kurz davor, „die Farbe zu wechseln", d.h. grundlegende Prinzipien des chinesischen Sozialismus aufzugeben.

Die bisherige Praxis der Kommunistischen Partei Chinas, unterschiedliche Positionen innerhalb der Partei zu tolerieren, solange sie nicht dem Prinzip der Einheit des Handelns zuwiderlaufen, hat einen wichtigen Effekt: jede Gruppe ist, wenn schon nicht auf Grund ihres politischen Bewußtseins, so doch der politischen Notwendigkeit gezwungen, sich eine Basis in den unteren Rängen der Partei und innerhalb der Bevölkerung zu verschaffen. Dies ist einer der Gründe dafür, daß sich die chinesische Gesellschaft auch 30 Jahre nach der Befreiung noch in ständiger Bewegung befindet, und der chinesische Sozialismus nicht in der gleichen Weise erstarrt ist, wie der in den osteuropäischen Staaten.

Die Mittel, sich eine solche Machtbasis zu verschaffen, sind vielfältig. Es kann auf dem mühsamen Wege politischer Kleinarbeit und vorbildlicher Praxis geschehen. Der verstorbene Ministerpräsident Zhou Enlai ist für viele Chinesen heute Inbegriff einer solchen Haltung.

Man kann versuchen, sich der wichtigsten Propagandainstrumente zu bemächtigen. Die „Viererbande" monopolisierte zwischen 1973 und 1976 nahezu das gesamte Presse- und Nachrichtenwesen der Volksrepublik China.

Man kann versuchen, möglichst viele Positionen innerhalb der Partei, des Staatsapparates und der Armee mit Leuten der eigenen Richtung oder gar mit Familienangehörigen zu besetzen. Das traditionelle Gewicht von Verwanschafts- und Gefolgschaftsbeziehungen spielt in der chinesischen Innenpolitik noch immer eine große Rolle. Mao hat sich mehrfach dagegen ausgesprochen, aber auch er konnte oder wollte nicht verhindern, daß seine Nichte Wang Hairong zu einer stellvertretenden Außenministerin avancierte, sein Neffe Mao Yuanxin zu einem hohen Partei- und Armeefunktionär und einer grauen Eminenz der chinesischen Innenpolitik aufstieg und seine Frau ins Politbüro gewählt wurde. Lin Biao besetzte wichtige Posten in der Armee vorzugsweise mit Militärs, die während des antijapanischen Krieges und im Kampf gegen Chiang Kaishek in seiner Armee-Einheit gedient hatten und ihm persönlich eng verbunden waren. Wang Hongwen, führendes Mitglied der „Viererbande" und stellvertretender Parteivorsitzender, der seine Karriere der Kulturrevolution verdankte, scharte in Shanghai eine Gruppe von ehemaligen Rotgardisten um sich, die sich bezeichnenderweise „jüngere Brüder" nannten. Er verschaffte ihnen Posten und Privilegien; sie führten seine Anweisungen mit unbedingtem Gehorsam aus. Solche „feudalen" Abhängigkeiten, in denen die Loyalität zum jeweiligen Führer über der Treue zum Staat und Sozialismus steht, sind in China nicht selten.

Nicht immer geht es dabei um nacktes Machtinteresse. Die Eigenheiten der politischen Kultur Chinas bringen es mit sich, daß Person und Programm kaum zu trennen sind. Die Politik Zhou Enlais, ältere in der Kulturrevolution gestürzte Kader zu rehabilitieren und sie wieder in hohe Ämter einzusetzen, hat sicher auch der Festigung seiner persönlichen und politischen Stellung gedient. Vor allem aber entsprach sie seinen politischen Überzeugungen, wie auf der anderen Seite die Förderung ehemaliger Rotgardisten durch die „Viererbande" mehr war als bloßes Kalkül.

Die Notwendigkeit, sich in den Parteigliederungen und den staatlichen Institutionen eine Machtbasis zu verschaffen, erklärt, warum der Sturz hoher Parteifunktionäre meistens von umfassenden „Säuberungen" begleitet ist, die quer durch die ganze Partei verlaufen.

Man kann schließlich zum extremsten Mittel greifen: dem direkten Appell an die „Massen", gegen eine bestimmte politische Linie und ihre Repräsentanten in der Partei vorzugehen. Ich meine das Mittel der K u l t u r r e v o l u t i o n. Es ist einzigartig: keine andere sozialistische Gesellschaft hat sich bisher ihrer bedient.

Die Kulturrevolution ist im Westen oft mißverstanden worden. Mao Zedong, ihr „Erfinder". begriff sie als Möglichkeit politischer Aktion i n n e r h a l b der bestehenden gesellschaftlichen Ordnung, nicht als Mittel ihrer Zerstörung. Sie hat die Parteiorganisationen für eine gewisse Zeit zerschlagen. Aber sie war nie gegen die Existenz einer allmächtigen Kommunistischen Partei an sich gerichtet. Die Kräfte, die sie initiierten und unterstützten, waren selbst hohe Parteifunktionäre, die nie daran gedacht haben, die Führung der Bewegung aus der Hand zu geben.

Die Stimme des Volkes

Die zweite Schranke der Allmacht der Partei ist die Rücksicht auf Stimmungen und Strömungen innerhalb der Bevölkerung. Ich meine damit nicht die von Mao Zedong konzipierte „Massenlinie", d.h. die Verpflichtung für jeden Parteifunktionär, in enger Verbindung mit den „Massen" zu bleiben, die Wünsche und Bedürfnisse der Bevölkerung wahrzunehmen, Kritik und Anregungen von unten aufzugreifen und sie in praktisches Handeln umzusetzen. Die Einhaltung der „Massenlinie" ist der Ausdruck eines hohen politischen Bewußtseins und großer moralischer Qualitäten. Nicht davon ist hier die Rede, sondern von etwas viel Banalerem, nämlich einem Gebot der politischen Klugheit.

Ziemlich genau zum Zeitpunkt meiner Ankunft begann in China eine „Massenbewegung" zur Kritik des „Shuihu". Das „Shuihu" ist ein berühmter klassischer Roman aus dem 15. Jahrhundert, der auch bei uns unter dem Titel „Die Räuber vom Liangshan Moor" bekannt ist. Das Ziel der Kampagne war die Kritik am „Kapitulationismus", ihr symbolisches Opfer der Held des Romanes, Song Jiang, der aufständische Bauern überredet, die Begnadigung des kaiserlichen Hofes anzunehmen. Die Zeitungen strotzten von Artikeln gegen Song Jiang und seine „kapitulationistische Linie", Studiengruppen zur Kritik des „Shuihu" schossen wie Pilze aus dem Boden, und bei keiner Einführung und Besichtigung fehlte die Verdammung des „Kapitulationismus". Große Begeisterung konnten wir dahinter nirgends entdecken. Die meisten Chinesen ahnten zwar, daß die Kampagne ein aktuelles Ziel hatte, aber die wenigsten wußten, worum es wirklich ging. Uns chinaunkundigen Ausländern blieb die Sache vollends rätselhaft. Uns erschienen die Zeitungsartikel stereotyp und öde, ein geschulterer Leser hätte in ihnen Anspielungen auf die damalige politische Situation entdeckt. Heute wissen wir, daß sich hinter der Kampagne zur Kritik des „Shuihu" ein Angriff der „Viererbande" auf Zhou Enlai und seinen Stellvertreter Deng Xiaoping verbarg.

Man nennt diese Vorgehensweise in China „Vorbereitung der öffentlichen Meinung". Sie wird angewandt, wenn man befürchten muß, ein bestimmtes politisches Ziel werde in der Bevölkerung auf Widerstand oder Unverständnis stoßen. Ein offener Angriff auf den geliebten Ministerpräsidenten hätte überall in China Empörung und massive Gegenreaktionen hervorgerufen. Das hätte den Gegnern der „Viererbande" in der Parteiführung die Chance geboten, ihren Sturz schon damals herbeizuführen.

Der Fall der Kampagne gegen das „Shuihu" ist in vieler Hinsicht aufschlußreich. Vor allem zeigt er, wo Widerstand von unten der Macht starker

Gruppen in der Partei Grenzen setzt. Trotz intensiver „Vorbereitung der öffentlichen Meinung" gelang es der „Viererbande" nicht, das Ansehen Zhou Enlais in der Bevölkerung zu untergraben. Im Gegenteil: Als eine Zeitung in Shanghai Ende März 1976 den gerade verstorbenen Ministerpräsidenten ziemlich unverhüllt als „obersten Kapitulationisten" bezeichnete, kam es im benachbarten Nanjing zu Unruhen. Die „Viererbande" konnte nicht verhindern, daß der Funke auf Peking übersprang, wo sich der Zorn der Bevölkerung in den Demonstrationen vom 4. April entlud. Die „Viererbande" verfügte über genügend Macht, Deng Xiaoping daraufhin aus seinen Ämtern zu jagen, die hartnäckigen Demonstranten einzusperren, eine Jubeldemonstration zu veranstalten und anschließend eine politische Kampagne zu entfachen, die China an den Rand des Bürgerkrieges geführt hat. Und gestürzt wurde sie schließlich nicht durch den Druck von unten, sondern durch eine Handvoll Parteifunktionäre. Daß Hua Guofeng dieses Risiko eingehen konnte, hing jedoch nicht allein damit zusammen, daß er die Anhänger Zhou Enlais und die Armeeführung hinter sich wußte, sondern auch damit, daß er annehmen konnte, die Mehrheit der Bevölkerung werde seinem Vorgehen zustimmen.

Widerstand der „Massen" gegen unpopuläre Entscheidungen und Personen kann in China recht handfeste Formen annehmen. Lokale Unruhen, politisch motivierte Prügeleien, Streiks und Schießereien aus Ärger über Versorgungsschwierigkeiten, korrupte oder unfähige Kader sind so selten nicht in China. Nach dem Sturz der „Viererbande" kam es vielerorts zu heftigen Kämpfen, zu Plünderungen, Sabotage und Streiks. Auch die „Viererbande" hatte ihre Basis in der Partei und in den „Massen". Ihre Anhänger waren keineswegs immer gewillt, kampflos das Feld zu räumen. Es hat zahlreiche Tote gegeben.

Im allgemeinen sind Chinesen über solche Vorfälle recht gut informiert. Dafür sorgen interne Nachrichtendienste und vor allem der „xiao dao", der kleine Weg, die Weitergabe von Informationen und Gerüchten von Mund zu Mund, über Verwandte, Freunde und Kollegen. Innerhalb gewisser Grenzen finden sie solche Auseinandersetzungen „normal". Gewalt als Mittel des politischen Kampfes ist auch in China nicht erlaubt, aber sie wird nicht wie bei uns tabuisiert.

Natürlich geht die chinesische Informationspolitik mit solchen Vorfällen nicht hausieren. Auch wenn sie nicht gewalttätig verlaufen, betrachtet die Parteiführung Spontanaktionen von unten mit tiefsitzendem Mißtrauen. Mao Ze-

dong hat das mehrfach kritisiert, ändern konnte er daran nur wenig. Bereits 1957 forderte er für die chinesische Arbeiterschaft das Recht zu streiken, erst 18 Jahre später wurde es in der Verfassung verankert. Obwohl die Demonstrationen auf dem Tiananmenplatz letztlich im Sinne der gegenwärtigen Führung waren und ihre Teilnehmer längst vom Vorwurf „konterrevolutionärer Aktivität" freigesprochen worden waren, hat die Parteiführung über zwei Jahre gebraucht, bis sie sich entschließen konnte, die Aktion offiziell zu billigen.

Neben diesen spektakulären Formen des Widerstandes gibt es noch eine Vielzahl anderer, durch die die „Massen" ihren Unmut zum Ausdruck bringen. Ein inzwischen in ganz China berühmt gewordenes Beispiel dafür erzählte uns die stellvertretende Parteisekretärin von Dazhai Song Liying. Dazhai ist, wie bereits erwähnt, die Musterbrigade Chinas und es gehört für jeden chinesischen Parteiführer zum guten Ton, sich von Zeit zu Zeit dort sehen zu lassen, und wenn möglich, etwas zu hinterlassen, was bleibend an ihn erinnert. So hatte Zhou Enlai bei einem seiner Besuche veranlaßt, die kahlen, nicht terrassierten Berge um Dazhai mit Obstbäumen zu bepflanzen, als Signal für die Aufforstung des ganzen Landes. Auch Jiang Qing erschien mehrfach in Dazhai. Populär war sie auch dort nicht und ihr aufweniger Lebenstil trug nicht dazu bei, die Abneigung der Dorfbevölkerung zu verringern. Um sich gleich Zhou Enlai in Dazhai ein Denkmal zu setzen, ordnete sie an, auf dem Tigerkopfberg, dem Hausberg Dazhais, einen Luftschutzkeller zu bauen, eingedenk der Weisung Maos: „sich auf Krieg und Naturkatastrophen vorbereiten". Die Bewohner von Dazhai wagten nicht, sich dieser Anweisung zu widersetzen, die unsinnig war, weil es in der Gegend von natürlichen Höhlen wimmelt. Unter Beiziehung der Presse wurde mit dem Bau begonnen. Kaum hatte Jiang Qing den Ort wieder verlassen, gingen die Bauern von Dazhai ans Werk und verwendeten die bereits ausgehobene Grube als Fundament für einen Schweinestall. Jiang Qing soll bei ihrem nächsten Besuch in Dazhai einen Tobsuchtsanfall bekommen haben. Aber sie war machtlos; wäre die Geschichte bekanntgeworden, hätte ganz China über sie gelacht.

Als Song Liying uns das erzählte, eine Bäuerin von 40 Jahren, noch immer halbe Analphabetin, mit einem Körper und Händen, denen man die Jahre schwerer Feldarbeit wohl ansah, da blitzten ihre Augen vor Vergnügen und mit besonderer Lust ahmte sie die helle, ein wenig geifernde Stimme und die ausladenden Gesten Jiang Qings nach, daß man meinte, sie leibhaftig vor sich zu sehen.

Freilich, Dazhai ist Dazhai und nicht eine x-beliebige Brigade. Und man muß wissen, daß der ehemalige Parteisekretär des Ortes, Chen Yonggui, einer der stellvertretenden Ministerpräsidenten Chinas ist. Das dürfte den Mut der Bauern von Dazhai beflügelt haben.

Manche dieser Widerstandsaktionen sind für Außenstehende nicht leicht als solche zu erkennen. Nach dem Sturz Deng Xiaopings ließ die „Viererbande" an alle „Einheiten" Studienmaterial mit Zitaten des gestürzten stellvertretenden Ministerpräsidenten verteilen, die ihn als „obersten kapitalistischen Machthaber in der Partei" entlarven sollten. Viele „Einheiten" machten sich mit besonderem Eifer daran, diese Aussprüche unter die Leute zu bringen. Nicht um sie, wie man vorgab, zu kritisieren, sondern um sie zu popularisieren. Im Sommer 1976 tauchten in Peking Wandkritzeleien mit den seltsamen Worten auf: „Kleine Flaschen sind gut". „Kleine Flasche" heißt auf chinesisch „xiao ping"; das wird zwar anders geschrieben, aber gleich ausgesprochen wie der Vorname des gefallenen Parteiführers.

Chinesen sind Meister im Erfinden solcher versteckter Methoden zivilen Ungehorsams. Keine chinesische Führung würde gut daran tun, sie auf Dauer zu mißachten.

Sozialistisches Bewußtsein und „Massenlinie"

Die dritte Schranke der Allmacht der Partei ist die, die sie sich selbst setzt. Ich meine damit das Bewußtsein und den Willen ihrer Mitglieder und ihrer Führer, die kommunistische Zukunftsvision wörtlich zu nehmen, sie aus den beschränkten Möglichkeiten der Gegenwart freizusetzen und an jenem revolutionären Ethos festzuhalten, durch das die Kommunistische Partei in den heroischen Jahren vor 1949 aus einem versprengten Haufen in den Lehmhöhlen Nordwestchinas zum Herrn über ganz China wurde. Nicht zufällig werden heute überall die glorreichen Traditionen dieser Zeit beschworen, die Verbindlichkeit der damals entwickelten politischen Prinzipien bekräftigt, unter denen die wichtigsten sind: „sich auf die Massen zu stützen" und „dem Volke zu dienen".

Wir kennen solche Sätze in entsprechend abgewandelter Form aus den Sonntagsreden unserer Politiker, und wir wissen, was wir davon zu halten haben. Aber im Grunde ist ihr feierlicher Gestus doch deshalb so hohl und peinigend, weil in ihm unsere eigene gesellschaftliche Vision zur Phrase entwürdigt und somit nur mehr ihre Unwirklichkeit beschworen wird.

Wer mit diesem Bewußtsein nach China fährt, wird genügend Nahrung für sein Mißtrauen oder seinen Zynismus finden. Und doch behaupte ich, daß er das Wesentlichste übersehen hat. Erstaunlich sind nicht die zahllosen Fälle von Machtmißbrauch und Korruption, von Repression und Schikane. Erstaunlich ist nicht der lähmende Bürokratismus, der auf dem Land lastet. Weit mehr als „menschliche Schwäche" und die „Machenschaften des Klassenfeindes" ist es das System selbst, das diese Defekte produziert. Die jahrtausende alte Tradition des bürokratischen Feudalismus und die Konzentration der Macht in den Händen weniger setzen der „Diktatur des Proletariats" überall dort Schranken, wo das „sozialistische" Bewußtsein der Funktionäre versagt. Auch in China bringt der gesellschaftliche Aufstieg Privilegien und Vorteile mit sich, etwas mehr Geld, eine etwas größere Wohnung, bessere Ausbildungschancen für die Kinder, einen Dienstwagen. Wenig genug für unsere Begriffe, viel, vielleicht zu viel für das „sozialistische Entwicklungsland" China.

Erstaunlich vielmehr ist, wieviel von der Kraft der politischen Vision und des revolutionären Ethos heute noch in China wirksam sind. Erstaunlich vielmehr ist, wie sehr sie für die Kommunistische Partei Chinas bis heute ihre Verbindlichkeit behalten haben.

Die „Mauern der Demokratie", jene Stellwände, die man seit kurzem im Zentrum chinesischer Städte findet, auf denen sich jeder in Form von Wandzeitungen kritisch zu allgemeinen oder konkreten gesellschaftlichen Problemen äußern kann, sind sicher noch nicht die Verkörperung einer idealen sozialistischen Basisdemokratie. Aber es wäre ebenso falsch, sie als billiges Ventil für angestauten Unmut abzutun. Sie demonstrieren die Bereitschaft der Parteiführung, sich auf die alte maoistische Tradition zurückzubesinnen, sich dem Urteil der „Massen" zu stellen und Kritik und Anregungen von unten ernst zu nehmen. In die gleiche Richtung zielt die zunehmende Bereitschaft der Massenmedien, Fälle von Korruption und Schikane innerhalb der Staats- und Parteibürokratie in die Öffentlichkeit zu tragen und die Bevölkerung vor Kaderwillkür in Schutz zu nehmen.

Die Verpflichtung der Funktionäre zur Teilnahme an körperlicher Arbeit hatte auch in den Jahren nach der Kulturrevolution, als sie als „neue Errungenschaft" gepriesen und propagiert wurde, häufig nur symbolischen Charakter. Aber es ist nicht gleichgültig, auf welche Rituale sich eine Gesellschaft verpflichtet. Sie bringen jene allgemein verbindlichen Normen zum Ausdruck, auf die sich jeder berufen kann, wenn er die Einlösung der gesellschaftlichen Ziele verlangt. Eine Woche Ernteeinsatz im Jahr macht aus einem Bürokraten keinen Sozialisten, aber der Vorwurf, „sich den Massen entfremdet zu haben", wiegt auch heute in China noch schwer.

Ein einklagbares Recht ist die Einhaltung der „Massenlinie" allerdings nicht. Beim Besuch eines Industriekombinats im Sommer 1977 erzählte man uns folgende Geschichte: Während der „Säuberungskampagne" nach dem Sturz der „Viererbande" meldete die Parteileitung des Unternehmens stereotyp nach oben, im Betrieb habe es keine Repräsentanten und Einflüsse der „Viererbande" gegeben, politische Korrekturen und personelle Veränderungen seien daher überflüssig. In Wirklichkeit hatte das Parteikomitee des Kombinats in den vorangegangenen Jahren systematisch politische Günstlingswirtschaft betrieben und opponierende Arbeiter mit rabiaten Methoden unterdrückt. Die Belegschaft verfaßte „Wandzeitungen" und schrieb Briefe an die übergeordneten Parteiinstanzen, die den wahren Sachverhalt aufdeckten. Umsonst, der Parteisekretär des Betriebes hatte Freunde auf höherer Ebene, die ihre Hand schützend über ihn hielten. Erst durch das direkte Eingreifen der Provinzparteileitung konnte der Fall bereinigt werden. Ein Beispiel unter vielen.

Nie ermuntert die Partei die Arbeiter, in solchen Fällen die Sache selbst in die Hand zu nehmen. Nie wird sie die Führung einer solchen Bewegung aus der Hand geben. Sie fordert stattdessen die übergeordneten Parteifunktionäre auf, den Beschwerden der Basis gewissenhaft nachzugehen, Untersuchungen vor Ort anzustellen, die Kritik von unten aufzunehmen und sie nicht im Papierkorb verschwinden zu lassen. Das ist der Kern der „Massenlinie".

Es geht bei diesem Eingreifen höherer Instanzen nicht um die juristische Klärung eines „Falles". Es geht um zwei Dinge: die Durchsetzung der politischen Ziele und die Wiederherstellung des gestörten Vertrauens zwischen der Partei und den „Massen". Im Idealfall ist das identisch. Aber diese Identität wird nicht garantiert durch formale demokratische Kontrollen, sondern durch eine richtige Politik der Parteiführung und das „sozialistische Bewußtsein" der Funktionäre. In den Jahren seit 1976 sind wieder detaillierte und verbindliche Vorschriften und materielle Anreize an die Stelle moralischer Verpflichtungen und ideologischer Appelle getreten. Aber auch über ihre Wirksamkeit entscheidet letztlich die Bereitschaft der Parteikomitees, sich auf die Kreativität und Initiative der „Massen" zu stützen. Das Beispiel der Sowjetunion, aber auch die zahlreichen Fälle von Schlamperei, Absenteismus, Verantwortungslosigkeit und „Tonnenideologie" in chinesischen Industriebetrieben, haben hinreichend deutlich gemacht, daß materielle Anreize und das ausgefeilteste System der Kontrolle ohne das „sozialistische Bewußtsein" der Funktionäre am Desinteresse und passiven Widerstand der Arbeiterschaft scheitern.

Der damalige Forschungsminister Matthöfer, dem ich in Peking begegnet bin, faßte seine Eindrücke von drei Tagen Betriebsbesichtigung dahingehend zusammen, das deutsche Mitbestimmungsgesetz gebe den Arbeitern mehr Mitspracherecht an betrieblichen Entscheidungen als der ganze chinesische Sozialismus. Nun hat die Realität innerbetrieblicher Demokratie in China in der Tat herzlich wenig mit den Träumen hiesiger „Maoisten" gemein. Trotzdem beruht die schnelle Erkenntnis des Ministers auf einem Mißverständnis.

Das Tempo technologischer Innovation mag in China in den letzten Jahren nicht so rasch gewesen sein, wie es im Interesse der Volkswirtschaft notwendig und möglich gewesen wäre. Aber bei jedem Rundgang durch eine chinesische Fabrik fällt auf, wieviel des vorhandenen technischen Fortschritts auf das Konto der Betriebe selbst geht. Es ist absolut normal, daß die Belegschaft einer Textilfabrik die elektronischen Steuergeräte für ihre Anlagen selbst baut und installiert. Niemand zwingt sie dazu, niemand bezahlt sie dafür.

Während meiner Arbeit in der Pekinger Diesellokomotivenfabrik bat ich den Leiter meiner Produktionsgruppe, mir die von den Arbeitern und Ingenieuren des Betriebes selbst konstruierten Werkzeugmaschinen zu zeigen. Er opferte eine ganze Mittagspause, um mich von Anlage zu Anlage zu führen und mir mit ungeheurem Stolz die Konstruktionsprinzipien und die Entstehungsgeschichte jeder Maschine zu erklären. Er war ein einfacher Facharbeiter und kein Parteimitglied. Bei der wöchentlichen politischen Schulung nach

Arbeitsschluß hinderte ihn nur die Anwesenheit der ausländischen „Freunde" daran, einzuschlafen. Aber in seiner Freizeit setzte er sich ins Archiv der Fabrik, um neu eingetroffene Konstruktionspläne zu studieren. Er hätte es vermutlich merkwürdig gefunden, wenn man ihm und seinen Kollegen Mitspracherecht bei Investitionsentscheidungen des Unternehmens angeboten hätte. Das war für ihn Sache der Fabrikleitung und des Parteikomitees. Aber in seiner Haltung spiegelte sich die Erfahrung wieder, daß man ihn respektierte, seine Vorschläge ernst nahm und in Fragen, die seine Arbeit betrafen, seinen Rat einholte. In diesem eingeschränkten Sinne fühlte er sich tatsächlich als „Herr der Fabrik". Mit Appellen und der Pflichtlektüre politischer Texte läßt sich das nicht erreichen, auch nicht mit Zwang. Man wird keinem Arbeiter auf Dauer einreden können, er sei „Herr der Fabrik", wenn er in seiner alltäglichen Arbeit ständig mit seiner Bedeutungslosigkeit konfrontiert ist.

Der Appell an ihren nationalen Stolz und ihr gesellschaftliches Bewußtsein hat die chinesische Arbeiterschaft in der Vergangenheit zu heroischen, fast übermenschlichen Leistungen motiviert. Die Erschließung des Erdölfeldes Daqing unter härtesten klimatischen Bedingungen und buchstäblich mit nackter Faust ist heute in ganz China das Symbol dieser Opferbereitschaft. Es wäre falsch, die obligaten Danksagungen an die Kommunistische Partei, den Vorsitzenden Mao und den Vorsitzenden Hua wegen ihrer stereotypen Formulierungen für unaufrichtig zu halten. Die Ernsthaftigkeit dieser Dankesbezeugungen gründet sich vermutlich weniger auf die genaue Kenntnis der theoretischen Grundlagen des Marxismus-Leninismus, als auf praktische Erfahrung und die Erinnerung an die schlimmen Zeiten vor der Befreiung. Nie werde ich die leuchtenden Augen jener älteren Arbeiterin vergessen, als sie mir, gebeugt über ihre stumpfsinnige Arbeit, erzählte, daß sie heute ihren Arbeitsplatz nicht mehr verlieren könne. Eine Erfahrung ihrer Jugend, die gleichbedeutend war mit Hunger oder Prostitution.

Aber dieses Bewußtsein muß eine materielle Grundlage im Arbeitsprozeß selbst haben, sonst drückt es nur eine besonders raffinierte Form der Ausbeutung aus. „Halt's Maul und rackere dich stumpf und tot, denn du tust es für den Aufbau des Sozialismus!" – da wird es auch einem chinesischen Arbeiter früher oder später egal, für wen er es tut, Hauptsache die Kasse stimmt. Es gibt solche Tendenzen auch in China, das ist nicht zu übersehen.

Deng Xiaoping, der stellvertretende Vorsitzende der Kommunistischen

Partei Chinas erzählte in einem Interview, daß ihm ein japanischer Unternehmer angeboten habe, in einer beliebigen chinesischen Fabrik die Produktion in kurzer Zeit um das dreifache zu steigern, ohne einen einzigen zusätzlichen Yuan zu investieren. Ich glaube ihm. Zum Teil hängt das damit zusammen, daß viele chinesische Unternehmen in der Vergangenheit schlecht geführt und einerseits chaotisch, andererseits bürokratisch organisiert waren. Aber ich fürchte, dem japanischen Industriellen sind vor allem die chinesischen Arbeiter unangenehm aufgefallen, die sich die Zeit ihrer Zigarettenpause selbst wählen und deren Arbeitsrhythmus noch nicht durch Refa-Methoden und „wissenschaftliche Arbeitsplatzbewertung" total maschinisiert ist. Ich glaube allerdings, daß gerade durch ihre Einführung der hohe soziale Wert, den die Arbeit in den Augen der Chinesen besitzt und ihre emotionale Bindung an den Arbeitsplatz verloren ginge. Ob die Qualität der gegenwärtigen chinesischen Arbeitsweise die forcierte Industrialisierung, die Einführung westlicher Methoden des Managements und die Wiedererweckung der in der Kulturrevolution abgeschafften Akkordarbeit überleben werden, bleibt abzuwarten.

Umgekehrt ist auch für chinesische Arbeiter das „sozialistische Bewußtsein" kein Ersatz für ihre mageren Lohntüten. Während die chinesische Presse in den Jahren nach der Kulturrevolution die Abschaffung materieller Anreize als „revolutionäre Errungenschaft" feierte, murrten die Industriearbeiter über die praktisch eingefrorenen Löhne und schimpften insgeheim darüber, daß Faulpelze am Monatsende genausoviel Geld nach Hause trugen, wie pflichtbewußte und fleißige Kollegen. Wie viele „Chinafreunde" hierzulande, huldigte auch ich dem naiven Mißverständnis, daß im Produktionsalltag der Chinesen ideologische Stimulantia für längere Zeit über den unerfüllbaren Wunsch nach einem Fernseher hinwegtrösten können. In einem Land wie China, das strenger noch als von der Kommunistischen Partei von der Armut regiert wird, führt eine forcierte Industrialisierung unvermeidlich zum Hunger nach Konsumgütern. Man mag den chinesischen Arbeitern einhämmern, daß es eine „Ehre" sei, unbezahlte Überstunden zu leisten, auf die Dauer werden sie sich um ihren Anteil am gesellschaftlichen Mehrprodukt betrogen fühlen. Nach dem Sturz der „Viererbande", als die Parteiführung die „Massen" ermunterte, offen ihre Meinung zu äußern, entlud sich der angestaute Unmut in Kommentaren wie: „Ihr sagt uns, daß der Sozialismus die bessere Gesellschaftsform ist. Wir haben uns dreißig Jahre dafür abgeschuftet, jetzt wollen wir auch etwas davon haben!" Auch in China kann die Revolution nicht immer nur in den

Köpfen stattfinden, und auch der „neue Mensch" braucht eine neue Wohnung.

Daß das „sozialistische Bewußtsein" dennoch ein konstitutives Element der chinesischen gesellschaftlichen Wirklichkeit ist, mag uns unglaubhaft erscheinen und ist mit den Kategorien unserer politischen Erfahrung schwer zu erklären. In unseren Gesellschaften, wo die Kraft einer gemeinsamen politischen Vision zugrundegerichtet wurde, bleibt der Glaube an die Wirksamkeit des positiven Rechts die einzige Hoffnung gegen den Mißbrauch der Macht. Im politischen Denken der Chinesen spielen rechtliche Garantien eine dem Vertrauen untergeordnete Rolle. Niemand in China hat sich dafür interessiert, daß Hua Guofengs Aufstieg zum Ministerpräsidenten und Parteivorsitzenden allen Vorschriften der Verfassung und des Parteistatuts zuwiderlief. Wichtig war für sie allein, daß er sich als fähiger und würdiger Nachfolger Mao Zedongs erwies, und nur dadurch erhielt er seine Legitimation. Wer sich dagegen an den Prinzipien des chinesischen Sozialismus versündigt, wird, selbst wenn er wie die „Viererbande" oder Lin Biao, völlig legal zur Macht gekommen ist, zum „Ursurpator" – freilich erst nach seinem Sturz.

Wahlen spielen daher im politischen System Chinas eine untergeordnete Rolle. Sie dienen der Bestätigung, nicht der Entscheidung. Wir mögen das für undemokratisch halten, und in der Tat wird auch ein unpopulärer Politiker nicht am Wahlergebnis seiner Heimatprovinz scheitern. Aber wir sollten uns fragen, ob unser Demokratieverständnis nicht allzusehr auf die politischen Rituale unserer westlich-bürgerlichen Gesellschaften reduziert ist. Nicht im Wahlakt selbst, sondern idealiter in der vorangegangenen intensiven Konsultation mit den „Massen" soll die chinesische Bevölkerung ihre Wünsche und Ansprüche artikulieren. Formal wird der Leiter einer landwirtschaftlichen Brigade jedes Jahr neu gewählt. Der Wahlakt selbst ist jedoch für die Kommunemitglieder ziemlich uninteressant. Besteht Übereinstimmung darüber, daß der bisherige Leiter seine Sache gut gemacht hat, macht er eben weiter; auf eine neuerliche Wahl kann dann einfach verzichtet werden. Kommt es zu Auseinandersetzungen, besteht die Hauptaufgabe der Versammlung nicht in der Herbeiführung eines Mehrheitsbeschlusses, sondern in der Klärung der Standpunkte mit dem Ziel, einen allgemeinen Konsens herbeizuführen. Ein Brigadeleiter, der, sagen wir mal, mit 70% der Stimmen in sein Amt gewählt wurde, würde sich vermutlich unwohl fühlen. Er würde es vorziehen, die Diskussion so lange andauern zu lassen, bis allgemeine Übereinstimmung besteht oder ein

Kompromiß gefunden wurde.

Von der Kommuneebene ab aufwärts werden Leiter sowieso nicht mehr gewählt, sondern von oben eingesetzt. Für einen chinesischen Bauern liegt das Problem jedoch nicht darin; es besteht in der Frage, ob der Kommuneleiter etwas taugt oder nicht. Einem ungeliebten Kommuneleiter werden die Bauern recht schnell die Grenzen seiner Möglichkeiten klarmachen, auch wenn er nicht abwählbar ist.

So erklärt es sich, daß das „totalitäre" und bürokratisierte China vibriert von politischer Leidenschaft und zu Erschütterungen und Umwälzungen fähig ist, die uns in Erstaunen und Ratlosigkeit versetzen.

Die Kader

Das „sozialistische Bewußtsein" und die politische wie fachliche Qualifikation der Kader sind ein entscheidender Faktor für das Funktionieren der gesellschaftlichen Prozesse und die Verwirklichung der politischen Ziele. In den Händen der Kader konzentriert sich die politische Macht, sie treffen die Entscheidungen, sie bilden das Ferment des gesellschaftlichen Gärungsprozesses. In der Stellung des Kaders spiegeln sich exemplarisch die Widersprüche des chinesischen Sozialismus. Kader – chinesisch „ganbu" – zu sein bedeutet, einer Elite anzugehören, und verlangt, als Repräsentant des Ideals einer klassenlosen Gesellschaft mit letzter Hingabe „dem Volke zu dienen". Es bedeutet, auf einem genau fixierten Platz innerhalb einer Hierarchie zu stehen, und verlangt, ausschließlich die Interessen der „sozialistischen Revolution" vor Augen zu haben. Kader zu sein verlangt, bis zur Selbstaufgabe die jeweilige Politik der Partei zu vertreten, und bedeutet, die Prügel dafür einzustecken, wenn sie sich im Verlaufe eines „Linienkampfes" als falsch herausstellen sollte.

Der Begriff des „Kaders" ist schwierig zu definieren, und in der westlichen Sinologie gibt es zahlreiche und gelehrte Dispute darüber, wer zum Kreis der Kader gehört. Allgemein gesagt sind Kader alle diejenigen, die auf irgendeiner gesellschaftlichen Ebene administrative Funktionen ausüben. Eine besondere Gruppe innerhalb der Kader bilden die „lingdao ganbu", die Führungskader, d.h. alle diejenigen, die Entscheidungsbefugnisse besitzen. Der Gegenbegriff zum „Kader" in der politischen Terminologie Chinas sind die „Massen". Kader ist der Vorsitzende der Kommunistischen Partei Chinas, der Betreuer einer touristischen Reisegruppe und der stellvertretende Produktionsgruppenleiter in einem entlegenen Bergdorf. Das Kadersystem umfaßt eine Rangfolge von 24 Graden; jeder mit exakt geregelten Abhängigkeiten und Kompetenzen. Es ist genau festgelegt, ab welcher Rangstufe einem Kader welcher Dienstwagen zur Verfügung steht, wie groß die Wohnung ist, die er zugeteilt bekommt etc. Vor allem bestimmt die Stellung eines Kaders in der Rangordnung das Maß an interner Information, das ihm zugeteilt wird und anhand dessen er eigene Entscheidungen fällen kann.

Natürlich sorgen die unterschiedliche Persönlichkeit und die unterschiedliche Stellung für ein großes Spektrum an Verschiedenheit innerhalb dieser Hierarchie. Dennoch gibt es zwischen dem kleinen Kader an der Basis und dem Parteiführer spezifische Gemeinsamkeiten. Sie alle haben das Bewußtsein, einer Elite anzugehören und Macht auszuüben. Aber die Gemeinsamkeiten reichen bis zur Ähnlichkeit des Auftretens, ja sogar des Aussehens. Ein Neuankömmling mag in der Kleidung der Chinesen keine wesentlichen Unterschiede entdecken, und er mag das Gefühl haben, sich, wenigstens was das Äußere betrifft, in einer „klassenlosen" Gesellschaft zu befinden. Aber man lernt nach einer gewissen Zeit, selbst in einer Menschenmenge, Kader an ihrer Kleidung zu erkennen: etwas besserer Stoff, etwas eleganterer Schnitt, der Kugelschreiber in der rechten Brusttasche. Sie unterscheiden sich von anderen Leuten nicht allein durch die Kleidung; mehr noch durch eine gewisse Art aufzutreten, sich zu äußern, mit „gewöhnlichen Leuten" umzugehen. In ihren Gesten liegt eine geschmeidige Autorität, die sich im negativen Fall in Überheblichkeit und eine verachtungsvolle Rücksichtslosigkeit verwandelt. Ein zufällig vorbeikommender Kader brauchte gewöhnlich nur wenige entschiedene Worte auszusprechen, um die Menge der Neugierigen aufzulösen, die sich um einen Ausländer geschart hatte. Er legitimierte sich durch sein Auftreten, keiner fragte ihn nach seiner Berechtigung, sich einzumischen.

Dem Ideal eines chinesischen Kaders bin ich am häufigsten in den unteren Rängen begegnet, vor allem auf dem Lande. Ein Gespräch mit dem Brigadeleiter Wang aus dem Dorf Shangnian, 80 km nordöstlich von Peking: 24 Jahre, mager, energisch und schüchtern zugleich, barfuß und im zerflickten Arbeitskittel, äußerlich nicht zu unterscheiden von den anderen auf dem Feld arbeitenden Bauern. Er hat Autorität, das ist spürbar und das macht den Unterschied.

Wie lang ist sein Arbeitstag durchschnittlich? 18 Stunden während der Saat und der Ernte, etwas weniger im Winter. Es kommt halt viel zusammen: die Arbeit auf dem Feld, Organisation, Büroarbeit, politische Schulung. „Überall muß ich als erster da sein und als letzter gehen. Die anderen erwarten das." Er lacht.

Sein Gehalt? Na ja, er ist als guter Arbeiter eingestuft. Für seine Arbeit als Brigadeleiter erhält er einen Lohnausgleich, um nicht weniger zu verdienen als die übrigen Bauern, die den ganzen Tag in der Produktion arbeiten können. Zusätzlich nichts. Vor 14 Tagen wurde er am Blinddarm operiert. „Sie wollten mich dabehalten im Krankenhaus, aber wie soll das angehen! Ich bin Kader, kann doch jetzt nicht fehlen." Nebenbei liest er den „Antidühring" von Engels. Ja, er habe schon Schwierigkeiten, das zu verstehen. Ob ich ihm nicht helfen wolle, ich sei doch ein Intellektueller? Er lacht, ich auch.

Jetzt werde es aufwärts gehen, nach dem Sturz der „Viererbande". „Alle denken das. Komm in zwei Jahren wieder, und du wirst sehen." Ich habe ihn nicht gefragt, warum er dies alles auf sich nimmt. Er hätte vermutlich geantwortet: „Für die Revolution" oder „für den Aufbau des Sozialismus". An eine Karriere dachte er vermutlich nicht. Ich habe viele seines Schlages in China getroffen.

Aber ist er typisch? Für ihn und seinesgleichen ist die „Massenlinie", die enge Verbindung und Zusammenarbeit mit den Bauern seiner Brigade, kein großes politisches Programm, sondern eine Selbstverständlichkeit. Freilich, er wird von ihnen gewählt, und allein schon das enge Zusammenleben in einem chinesischen Dorf unterwirft ihn einer ständigen direkten Aufsicht durch die „Massen". Er hat weit mehr Gemeinsamkeiten mit den Bauern seines Dorfes als mit seinen Kollegen in den städtischen Bürokratien.

Vielleicht nur deshalb, weil ich häufiger und schmerzhafter mit den Bürokraten konfrontiert war, haben vor allem sie mein Bild vom „typischen chinesischen Kader" geprägt. Die Arbeit in Bürokratien mag auf der ganzen Welt zu bedenklichen Deformationen des Charakters führen; natürlich lassen sich auch chinesische Bürokraten nicht über einen Kamm scheren, aber ich erlaube mir die Ungerechtigkeit einer tiefsitzenden und auf schlechte Erfahrungen gegründete Abneigung gegen diesen Typus des chinesischen Kaders. Sie mögen Wang, Zhang oder Li geheißen haben, waren dick oder dünn, dumm oder schlau, in meiner Erinnerung verschmelzen sie zu einer Person, zu einer Inkarnation meiner negativen Erfahrungen mit China. Ihre Hauptaufgabe schien darin zu bestehen, jede Initiative, die den Regeln bürokratischer Routine zuwiderlief, im Keim zu ersticken. Jeder spontane Vorschlag ging unter in einem Brei von Trägheit, Ängstlichkeit und Bürokratismus, den sie fast körperlich abzusondern schienen. „Kongpa bu xing", – „wahrscheinlich nicht durchführbar" – war die ständige Redewendung, mit der sie jede gefährliche Neuerung abzuschmettern pflegten. Ihre Gesichter waren wie aus Wachs und ihre Seelen aus Gummi. Nach außen trugen sie eine ständige Leutseligkeit zur Schau, die mehr Distanz schuf als auflöste. Sie schlug um in eiserne Härte, wenn sich jemand außerhalb der Norm verhielt und sich ihrem moralischen Druck nicht beugen wollte. Ständig führten sie die „Völkerfreundschaft" im Munde, während sie scharf darauf achteten, jeden unkontrollierten Kontakt zwischen Chinesen und Ausländern zu unterbinden. Sie kannten das ganze Repertoire der politischen Phraseologie auswendig und verschanzten sich dahinter wie hinter einer Mauer, gegen die wir mit hoffnungslosem Haß anrannten. Sie konnten uns ohne mit der Wimper zu zucken ins Gesicht lügen. Sie wußten, daß wir wußten, daß sie logen, aber es war ihnen gleichgültig. Sie verfügten über jene Art von Macht, die zugleich arrogant und subaltern macht. Vor nichts hatten sie mehr Angst, als davor, Verantwortung zu übernehmen. Manche von ihnen waren glücklich mit dem alltäglichen Trott ihres Schreibtischdaseins, sie waren zufrieden, wenn man sie nur in Ruhe ließ. Manche waren ehrgeizig, dann lag in ihrem Verhalten eine ständige, witternde Unruhe und Aufmerksamkeit. Unter ihnen mochte es zu Intrigen und Machtkämpfen kommen; nach außen pflegten sie ungeachtet aller Rangunterschiede einen Korpsgeist, der sie gegen Angriffe nahezu immun machte.

Zu den Widersprüchlichkeiten ihrer Position gehörte es, daß sie ihre Macht oft mehr ihrer politischen Funktion als ihrer fachlichen Qualifikation verdankten. Das maoistische Ideal eines Kaders verlangt, daß er zugleich „rot und fachkundig" sein soll. Die Wirklichkeit entspricht nicht immer dem Ideal, und das spannungsreiche und von gegenseitigem Mißtrauen geprägte Verhältnis von „Experten" und „Kadern" gehört zu den fundamentalen Problemen der chinesischen Gesellschaft. In den Jahren nach der Kulturrevolution gehörte die Kritik am Expertentum zum guten politischen Ton, was gegenüber den Fachleuten zu einem durchaus widersprüchlichen Verhalten führte: Sie wurden gebraucht und zugleich als „bourgeoise Elemente" beargwöhnt. Für die politischen Kader bestand wenig Anreiz, sich fachlich fortzubilden. Als nach dem Sturz der „Viererbande" in der Parteiführung der Ruf nach mehr Effizienz, Wissenschaftlichkeit und Expertise laut wurde, schlug die Arroganz vieler Kader gegenüber den „Experten" nicht selten unvermittelt in eine nicht weniger blinde Gläubigkeit an die Allmacht des Fachwissens um. Dieselben Kader, die vorher von nichts anderem geredet hatten als vom „Klassenkampf", die die Teilnahme an körperlicher Arbeit als Kernstück sozialistischer Erziehung propagiert hatten, hätten nun am liebsten die Studenten Tag und Nacht in die Studierstuben eingesperrt. Vielen unter ihnen kam es nicht ungelegen, daß sie mit dem Hinweis auf die „vier Modernisierungen" die ungeliebten Pflichtaufenthalte auf dem Dorf einstellen oder wenigstens reduzieren konnten. Dort waren sie ein Gegenstand ständigen Spottes unter den ausländischen Studenten, weil sie die Feldarbeit alle halbe Stunde durch den Ausruf „xiuxi, xiuxi!" – ausruhen! – zu unterbrechen pflegten; angeblich aus Sorge um unsere Gesundheit, in Wirklichkeit, weil sie nur ungern einen Spaten in die Hand nahmen. Vielen unter ihnen steckt noch immer das Erbe ihrer kaiserlichen Vorgänger in den Knochen. Im alten China war körperliche Arbeit für ein Mitglied der Intelligenz und der sich aus ihr rekrutierenden Beamtenschaft gleichbedeutend mit Gesichts- und Statusverlust. Während sie vor dem Sturz der „Viererbande" in der Öffentlichkeit die Abschaffung des Prüfungssystems als „kulturrevolutionäre Neuerung" feierten, beklagten sich viele Kader bei mir hinter vorgehaltener Hand über die Schwemme schlecht vorgebildeter Bauernkinder an den Universitäten, die das akademische Niveau drückten. Das war in der Tat ein ernsthaftes Problem. aber bei vielen meiner Gesprächspartnern hatte ich den Eindruck, daß hinter ihren Klagen kaum verhohlen die traditionelle Verachtung chinesischer Intellektueller für die primitiven „Bauernlümmel" zum Vorschein kam. Als die Aufnahmeprüfungen wieder eingeführt wurden und fachliche Qualifikation wieder zum entscheidenden Kriterium für ein Hochschulstudium wurde, bekamen die kulturrevolutionären „Arbeiter-, Bauern- und Soldatenstudenten" die Verachtung dieser „roten Mandarine" massiv zu spüren. Nicht wenige wurden dazu getrieben, erbittert und resigniert ihr Studium vorzeitig abzubrechen. Vor diesem Hintergrund wird verständlich, wie revolutionär Maos Forderung nach „roten und sachkundigen" Kadern ist, und mit welchen Schwierigkeiten der chinesische Sozialismus bei ihrer Verwirklichung zu kämpfen hat.

Auch unter den Intellektuellen habe ich Leute getroffen, die dem Ideal des „roten und sachkundigen" Kaders nahekamen. Einer von ihnen war Lehrer Mao. Er war ein höherer Kader unserer Schule und der kompetenteste Lehrer für modernes Chinesisch, dem ich je begegnet bin. Ein schwerer Mann Mitte 50, mit einem Bernhardinergesicht und auffallend klugen und liebenswürdigen Augen. Im Umgang mit uns Ausländern war er offener und souveräner als alle seine Kollegen; Diskussionen mit ihm waren ein intellektuelles und menschliches Vergnügen. Aber auch er hielt uns gegenüber stets eine Distanz aus Vorsicht und Melancholie, die er nur selten in privaten Gesprächen durch witzige oder kritische Bemerkungen für einen Augenblick durchbrach. Vor der Kulturrevolution war er Professor für Chinesisch an der Pekinger „Volksuniversität" und ein relativ hoher Kader in der Universitätsverwaltung gewesen. Während der Kulturrevolution war er brutal kritisiert und körperlich mißhandelt worden. Er sprach nicht gerne darüber, aber seine schlechte Gesundheit war darauf zurückzuführen. Man hatte ihn anschließend zur „Umerziehung" aufs Land geschickt, wo er vier Jahre auf dem Feld gearbeitet hatte. Im Zuge der Rehabilitierungspolitik nach dem Sturz Lin Biaos holte man ihn ans Spracheninstitut zurück, wo er Ausländern Chinesisch beibrachte. Im Grunde hieß das Perlen vor die Säue werfen, an eine Rückkehr an die Universität war jedoch nicht zu denken, sie wurde von der „Viererbande" beherrscht. Er gestand ein, Fehler gemacht zu haben, und wenn er erklärte, die Jahre auf dem Land seien nützlich für ihn gewesen, war das nicht ironisch gemeint. Auch bei politischen Themen verwendete er nie die aufgepumpte Phraseologie der Zeitungssprache, er sagte wenig, aber was er sagte, klang aufrichtig und überzeugend. Ich verdanke ihm ein unvergeßliches Erlebnis. Als wir während einer Diskussion im Unterricht den Personenenkult um Mao Zedong kritisierten, brach er nicht, wie andere Lehrer es getan hätten, erschrocken das Gespräch ab. Er lehnte sich im Stuhl zurück, sah uns nachdenklich an und erzählte uns, warum er Mao liebe. Er sprach über seine Verzweiflung als patriotischer Intellektueller über die chinesischen Zustände vor 1949. Er sprach über die Kraft, die sich aus dem Vertrauen in eine menschenwürdige Zukunft speist und die sich für ihn und seine Landsleute in der Person Maos symbolisiere. Er redete nicht lange, vielleicht eine halbe Stunde. Aber wir verließen hinterher sehr still das Klassenzimmer. Wir hatten in dieser halben Stunde mehr über die chinesische Realität begriffen als durch ein halbjähriges Studium der „Volkszeitung".

Ich habe damals nicht viel über die Hintergründe der innenpolitischen Auseinandersetzungen in China gewußt. Aber ich begann an der Weisheit einer Politik zu zweifeln, die Leute wie ihn dazu verdammte, Sprachunterricht auf Berlitz-School-Niveau zu erteilen.

Neben den kleinen Funktionären auf dem Lande gibt es eine zweite Gruppe von Kadern, die auf eine unspektakuläre Weise dem Ideal des „maoistischen" Kaders gerechter wird, als die Mehrheit der Bürokraten: die Frauen. Frauen in hohen Partei- und Staatsämtern sind auch heute in China eine Rarität, wie seit eh und je wird China von „alten Männern" regiert. Trotz der Forderung nach sozialistischer Gleichberechtigung und der ideologischen Kritik am Konfuzianismus lastet auf den chinesischen Frauen noch immer die Hypothek jahrtausendealter Frauenverachtung. In den Anfängen der Kampagne gegen die „Viererbande" war in der Kritik an Jiang Qing ein deutlicher Ton von Frauenfeindlichkeit zu vernehmen: Wie sie, als Frau, es habe wagen können, nach dem Thron des „Übervaters" Mao zu greifen. Der auf Wandzeitungen und Versammlungen gegen sie erhobene Vorwurf, sie habe ein „weiblicher Kaiser" werden wollen, formuliert zugleich eine der Schreckensvisionen der traditionellen konfuzianischen Staatsideologie: eine Frau an der Macht. Es hat mich nicht sehr überrascht, daß auch die neue politische Führung unter Hua Goufeng solchen Tendenzen nicht nur nicht entgegengetreten ist, sondern sie sogar unterschwellig unterstützt hat.

Die Herabsetzung der gesellschaftlichen und intellektuellen Fähigkeiten der Frau ist von den Chinesinnen über die Jahrhunderte zwangsläufig internalisiert worden. Noch heute ist eines der zentralen Probleme der chinesischen Frauenbewegung die Angst vieler Frauen, ein öffentliches Amt zu übernehmen. Obwohl es vielerorts in China die Vorschrift gibt, daß bei der Wahl zwischen zwei gleich qualifizierten aber verschiedengeschlechtlichen Bewerbern für eine Kaderfunktion die Frau zu bevorzugen ist, neigen chinesische Frauen auch heute noch dazu, ihre Fähigkeiten und Kenntnisse unterzubewerten und sich der Übernahme verantwortlicher Posten zu entziehen. Wie in den „linken" Zirkeln der Studentenbewegung bei uns, blickten die Mädchen in meiner

Klasse mit wenigen Ausnahmen bewundernd zu den durchwegs männlichen Wortführern und „Theoretikern" unter den Studenten auf.

Trotzdem verfügen Chinesinnen nach meiner Beobachtung in der Regel über ein ausgeprägteres und vor allem gesicherteres Selbstbewußtsein als Frauen im Westen. Bei der Übernahme von Leitungsaufgaben mögen sie freiwillig oder gezwungen ihren männlichen „Genossen" den Vortritt lassen, doch im Umgang zwischen den Geschlechtern erschienen sie mir trotz der zahlreichen moralischen Tabus und Restriktionen freier und entkrampfter als Frauen bei uns, und auch ich habe mich im Umgang mit Chinesinnen kaum je in der Versuchung gefühlt, meine „Männlichkeit" hervorzukehren. Dort wo Chinesinnen männliche Ressentiments und ihre Minderwertigkeitsgefühle überwunden und sich Führungspositionen erobert hatten, nötigten sie mir nicht selten Bewunderung ab. Ich freute mich jedesmal im voraus, wenn wir bei Besichtigungen oder Diskussionen auf weibliche Kader trafen. Im Gegensatz zu ihren männlichen Kollegen, die sich häufig mit dem Abspulen der üblichen Einführungsrituale begnügten, konkreten Fragen nach Möglichkeit aus dem Weg gingen und eine Atmosphäre freudloser und dürrer Verbindlichkeit verbreiteten, reagierten sie gewöhnlich präzise, spontan und herzlich. Im Verlauf einer Diskussion mit Vertreterinnen des Frauenverbandes in einer Textilfabrik verkehrten unsere Gesprächspartnerinnen nach einiger Zeit resolut die Fronten und überschütteten uns mit Fragen über die Situation der Frau und die Arbeits- und Lebensbedingungen in unseren Heimatländern. Wir erhoben uns schließlich weit erschöpfter von unseren Plätzen als sie.

Auch bei Frauen in höheren Positionen habe ich nie jene scheinbar jovialen, in Wirklichkeit aber abweisenden Gesichter bemerkt, die vom Umgang mit der Macht gezeichnet sind und das Aussehen ihrer männlichen Kollegen prägten. In vielen unter ihnen verkörperten sich für mich spürbar die Vitalität und die Leidenschaft, zu denen der chinesische Sozialismus fähig ist. Mehr als andere gesellschaftliche Gruppen haben die Bauern und die Frauen von der Befreiung profitiert, und wenn mich mein Eindruck nicht täuscht, rekrutieren sich bis heute aus ihren Reihen die aktivsten und bewußtesten Elemente des gesellschaftlichen Umwandlungsprozeßes.

Die Instrumente der Herrschaft

Mehr als in anderen Gesellschaften hat die Ausübung politischer Macht in China informellen Charakter. Sie stützt sich vor allem auf politische Prinzipien, politisches Bewußtsein, die Autorität der Partei und den unmittelbaren Zugriff auf die Organe staatlicher Gewalt und die Massenmedien. Es ist daher wenig sinnvoll, das Instrumentarium, dessen sich die Kommunistische Partei zur Durchsetzung ihrer Ziele bedient, mit juristischen Kategorien zu beschreiben. Die Wahl der Mittel ist vielmehr unmittelbarer Ausdruck des gesellschaftlichen Bewußtseins der Kader und des vorhandenen oder nicht vorhandenen wechselseitigen Vertrauens zwischen Führung und Volk. Im wesentlichen sind es vier: Überzeugung, Mobilisierung, Kontrolle und Zwang. Angewandt werden sie alle, und alle können mißbraucht werden. Äußerlich mag das Resultat dasselbe sein, egal welches Mittel ich anwende. In ihrer politischen Bedeutung unterscheiden sie sich jedoch fundamental.

Nach der Befreiung von 1949 wäre es für die Kommunistische Partei möglich gewesen, mit Hilfe der Roten Armee die Großgrundbesitzer zu enteignen und das Land an die Bauern zu verteilen. Sie hätte sich damit eine gewaltige Basis von Loyalität in der ländlichen Bevölkerung geschaffen. Sie legte jedoch großen Wert darauf, die „Bodenreform" und den Kampf gegen die feudalen Herrschaftsverhältnisse auf dem Land durch die Bauern selbst durchführen zu lassen, natürlich unter der strikten Führung durch die Partei. Aber die Aufgabe der Parteikader bestand nicht darin, anstelle der Bauern zu handeln, sondern sie zu ermutigen und anzuleiten, die Sache selbst in die Hand zu nehmen. Das war nicht einfach. Die Großgrundbesitzer waren seit über 2000 Jahren die Repräsentanten staatlicher Macht. Allein die Vorstellung, gegen sie vorzugehen, war für einen einfachen chinesischen Bauern mit tausend Ängsten verbunden. Nicht nur das. Dieser Kampf bedeutete zugleich das Brechen mit den traditionellen Vorstellungen von Sippenloyalität. Die chinesischen Bauern betrachteten die Gesellschaft ja nicht in den Kategorien von Klassen, sondern als ein Verhältnis von Sippe einerseits und staatlicher Bürokratie auf der anderen Seite. Die Großgrundbesitzer fungierten dabei aufgrund ihrer gesellschaftlichen Stellung und ihres relativen Reichtums gewöhnlich als Sippenvorsteher, denen gegenüber man zu Gehorsam verpflichtet war.

Durch diese Vorgehensweise veränderte die Kommunistische Partei nicht allein die Besitzverhältnisse auf dem Land. Sie schuf zugleich die Grundlage für ein neues gesellschaftliches Selbstbewußtsein der Bauernmassen. Dies ist eine der Ursachen dafür, daß – zumindest meinem Eindruck nach – das Land zwar ökonomisch rückständiger, politisch aber fortgeschrittener ist als die Stadt, wo dieser Enteignungsprozeß im wesentlichen von oben her angeordnet und durchgesetzt wurde.

Die Wahl der Mittel ist von größter Bedeutung bis in die kleinsten Alltagsentscheidungen. Die landwirtschaftlichen Kommunen rings um die großen Städte wie Peking und Shanghai haben die Aufgabe, die Menschenmassen dieser Metropolen mit Frischgemüse zu versorgen. Das ist ein sehr einträgliches Geschäft. Der Ankaufspreis für Gemüse liegt erheblich über dem für Getreide, und daß für den Gemüseanbau mehr Arbeit aufgewendet werden muß, spielt in China kaum eine Rolle. Der Leiter einer landwirtschaftlichen Brigade in der Nähe Pekings erzählte uns, die Bauern hätten sehr schnell entdeckt, daß es für sie lukrativer war, den gesamten Boden für den Anbau von Gemüse zu verwenden und das für sie selbst notwendige Getreide vom Staat zu kaufen. Damit unterliefen sie ein Prinzip der chinesischen Entwicklungspolitik, daß nämlich jede landwirtschaftliche Einheit wenigstens soviel Getreide produzieren soll, wie für ihre Selbstversorgung notwendig ist. Das hat seinen guten Grund. Das Getreide aus den Überschußgebieten wird vom Staat dringend für die Vorratshaltung und die Versorgung der großen Städte und der am wenigsten entwikkelten Regionen benötigt. Die zuständige Parteiorganisation hätte nun ohne weiteres die Brigaden zwingen können, den Gemüseanbau einzuschränken. Sie hätte durch Androhung von Strafen und durch strikte Kontrollen dieses Gebot auch durchgesetzt. Die Bauern hätten sich vermutlich murrend gefügt, aber im Grunde hätten sie nur begriffen, daß die Partei ihre Einkommen schmälern will. In diesem Fall ging das Parteikomitee den mühsameren Weg der Überzeugung. Durch zahllose Versammlungen und tägliche Kleinarbeit gelang es ihm, die Bauern dazu zu bringen, das notwendige Maß an Getreide zu produzieren. Die Einkommen auf dem Land sind niedrig, jeder zusätzliche Pfennig wird da spürbar. Ich glaube nicht, daß sie nun mit überschwenglicher Begeisterung wieder daran gehen, Weizen und Reis statt Lauch und Chinakohl zu pflanzen. Aber sie hatten einen Teil ihrer gesellschaftlichen Verantwortung begriffen und akzeptiert.

Die Kommunistische Partei Chinas schreckt nicht davor zurück, ihre Ziele notfalls mit sehr effektiven und manchmal brutalen Methoden des Zwangs durchzusetzen. China ist kein Archipel Gulag, aber das Arbeitslager ist auch für Chinesen eine reale Drohung. Doch ist sich die Partei im großen und ganzen bewußt, daß Mittel des Zwangs die Probleme nur selten dauerhaft lösen, daß sie nur dort sinnvoll sind, wo Überzeugung und Mobilisierung versagen.

Der selbe Brigadeleiter erzählte uns noch eine zweite Geschichte. Die Kommune, der seine Brigade angehörte, betrieb ein wenig Milchwirtschaft. Weiden gibt es in dieser Gegend Chinas nicht, das Grünfutter mußte daher herbeigeschafft werden. Das geschieht vor allem durch das Abmähen von Wegrainen und Böschungen. Die Kommune wollte dafür nicht eigens Arbeitskräfte einstellen, sie setzte daher einen guten Ankaufspreis für frisch gemähtes Gras fest und forderte die Bauern auf, in ihrer Freizeit das Futter für die Kühe zu beschaffen. Der Erfolg war durchschlagend. Die Bauern begannen wie besessen Gras zu mähen, blieben nicht allein den Versammlungen und politischen Schulungen fern, sondern zum Teil sogar der kollektiven Arbeit auf den Feldern. Auch hier versuchte das Parteikomitee die Bauern durch Überzeugung umzustimmen. Diesmal aber ohne Erfolg. Schließlich blieb der Parteileitung nur der Ausweg, eine Höchstmenge an Futtergras pro Kopf festzusetzen, die sie bereit war anzukaufen und das Fernbleiben von der Kollektivarbeit streng zu bestrafen. Die Bauern mußten sich fügen, aber sie hatten vermutlich das Gefühl, betrogen worden zu sein.

Sturheit und Uneinsichtigkeit können Gründe dafür sein, daß Überzeugung und Mobilisierung scheitern. Meinem Eindruck nach liegen sie in der Regel woanders. Ich werde keinen chinesischen Arbeiter davon überzeugen können, daß es schlecht und schädlich ist, „durch die Hintertür zu gehen" um zehn Eier zu ergattern, wenn er weiß, daß der Parteisekretär seiner Fabrik ungestraft mit unterschlagenem Baumaterial sein Haus reparieren läßt. Ich werde keinen chinesischen Bauern dazu bringen, aus ideologischen Gründen freiwillig auf sein Stückchen Privatland zu verzichten, wenn der einzige Effekt dieser Maßnahme in einer Minderung seines Einkommens besteht. Die Partei kann ihn dazu zwingen, aber sie kann ihn nicht zwingen, mit Lust und Eifer auf den Kollektivfeldern zu arbeiten und sie kann ihn nicht davon abhalten, während der politischen Schulung einzuschlafen.

Für einen Außenstehenden mögen die Demonstrationen gegen Deng Xiaoping aussehen wie die Demonstrationen für Deng Xiaoping. Doch weiß die Parteiführung recht genau, daß es nicht genügt, die Mechanismen der „Massenmobilisierung" in Gang zu setzen. Sie weiß, daß sie mit solchen Kampagnen wirkliche und nicht nur scheinbare Erfolge nur dann erzielt, wenn sie „die Herzen der Menschen erreicht", wie Mao Zedong es einmal ausgedrückt hat.

Das Vertrauen

Die Aufrechterhaltung des wechselseitigen Vertrauens zwischen Parteiführung und Volk wird daher zur vierten und, wie ich meine, wesentlichsten Schranke der Allmacht der Partei.

Auch hierzulande pflegt sich ein Wahlsieger für das „ihm entgegengebrachte Vertrauen" zu bedanken. Ich habe das immer als eine Unverfrorenheit empfunden. Es handelt sich hier um das gleiche „Vertrauen", für das sich der Gemüsehändler an der Ecke bei seinen Kunden bedankt, und das sich auf nichts weiteres gründet und nichts weiteres verlangt, als daß er mir keine verfaulten Tomaten verkauft.

Das Vertrauen zwischen Partei und Volk, von dem hier die Rede ist, ist umfassender und daher auch bindender. Es wird dem „Maoismus" oft nachgesagt, er sei „Religionsersatz". Das klingt wie „Kaffeersatz" und insofern ist es falsch. Aber der chinesische Kommunismus wendet sich in der Tat auch an jene Kräfte im Menschen, die hierzulande ihren Ausdruck in der Religion finden mögen, und von denen bei uns in der Politik besten-, d.h. schlimmstenfalls demagogischer Gebrauch gemacht wird. Es ist mühsam aber lohnend zu begreifen, daß das Gesicht Mao Zedongs im Symbol der roten Sonne für Chinesen ganz selbstverständlich jene nichtrationalen Kräfte des Vertrauens und der Verehrung mobilisiert, mit denen umzugehen wir verlernt haben, und denen wir deshalb auf so schreckliche Weise im Faschismus verfallen sind.

Dieses Vertrauen ist nicht rational, aber es ist auch nicht irrational im hier geläufigen angsterfüllten Sinne. Und es gründet sich wesentlich auf reale Erfahrung.

Die Mutter eines chinesischen Freundes, eine Bauerntochter, die halbverhungert am Straßenrand von der Roten Armee aufgelesen und zur Ärztin ausgebildet worden war, wird sich kaum zu fragen haben, woher ihr Vertrauen kommt. Und einschneidender als die Tatsache, daß sie, eine Analphabetin, Ärztin und Intellektuelle werden konnte, dürfte für sie gewesen sein, daß es da Leute gab, die sich um halbverhungerte Bauerntöchter am Straßenrand gekümmert, sie überhaupt wahrgenommen haben. Schockierender noch als die Erzählungen alter Bauern und Arbeiter war für mich ein Gespräch mit einer Lehrerin aus Taibei, der Hauptstadt Taiwans. Eine liebe, mütterliche Frau um 50, aus „guter Familie", in Peking geboren und aufgewachsen. Sie weinte fast, als sie hörte, daß ich gerade aus Peking gekommen war und erzählte einen ganzen Abend lang von der glücklichen, verlorengegangenen Vergangenheit. Als ich vorsichtig einwarf, so schön sei diese Vergangenheit für andere vielleicht nicht gewesen, erinnerte sie sich an die Leichen verhungerter Kinder vor den Hauseingängen der ärmeren Stadtviertel. Aber, so fügte sie entschuldigend hinzu, sie habe das kaum wahrgenommen, es sei so normal gewesen.

Das Vertrauen zwischen Partei und Volk gründet sich auf die Erfahrung des nationalen Selbstbewußtseins, das sich wohl scharf genug in die Herzen von Menschen eingräbt, die noch vor dreißig Jahren in ihrem eigenen Land vor Schildern stehen konnten mit der Aufschrift: „Für Hunde und Chinesen kein Zutritt". Und es gründet sich auf das Gefühl des sozialen Selbstbewußtseins, das Gefühl, in einer Gesellschaft zu leben, in der man sagen kann: „Ich bin ein Arbeiter, ich bin ein Bauer" und nicht: „Ich bin n u r ein Arbeiter, n u r ein Bauer".

Mich hat es gestört, überall und immerzu hören zu müssen: „Die Partei hat uns befreit". „die Partei hat uns zu arbeiten, zu essen gegeben" usw. Als seien es nur die paar tausend Parteimitglieder gewesen, die in den Schützengräben der Revolution gekämpft, Ziegelsteine geschleppt und Reis gepflanzt haben.

Aber ist es denn seltsam, daß im Bewußtsein der Chinesen die relative ma-

terielle und gesellschaftliche Sicherheit und das Gefühl, ein sinnvolles Leben zu führen, in dem der Gedanke an die Zukunft mehr Hoffnungen als Ängste hervorruft, nicht zu trennen sind von der Führung durch die Partei?

Der „Personenkult"

In ihrer konzentriertesten Form wird diese Erfahrung zu Verehrung und Liebe für den politischen Führer – zum „Personenkult". Es ist von hiesigen „Maoisten" eingewandt worden, von einem wirklichen „Personenkult" könne man in China nicht sprechen, die Verehrung gelte nicht der Person, sondern den Ideen Mao Zedongs: *„Richtig ist, daß Mao Zedong gerade nicht als Person verkultet wird, denn wo sind die Fetische solcher Kulte, wer weiß denn, wann und wo Mao geboren ist, wer kennt seine persönlichen Verhältnisse, wer weiß wie er lebt, ob er Kinder hat, ob er verheiratet ist. Eben diese persönlichen Wunderzeichen fehlen. Weder gibt es in der Volksrepublik einen Schwarzmarkt für Maos Schnupftücher, noch werden seine Autogramme unter der Hand verkauft."* (13)

Das ist natürlich Unsinn. Jedes Kind in China weiß, wo und wann Mao geboren ist. Das Dorf Shaoshan in der Provinz Honan, Maos Geburtsort, ist ein einziges riesiges Museum und ein nationaler Wallfahrtsort. Seine persönlichen Lebensumstände waren wohlbekannt und Gegenstand heftigen Klatsches in der Bevölkerung. Die Fetische dieses Kultes sind überall sichtbar, Poster, Wandbehänge, Ansteckknöpfe und die riesigen Standbilder aus Gips und Marmor vor den öffentlichen Gebäuden, die Mao zu der Bemerkung veranlaßten, man gehe schon recht unbarmherzig mit ihm um, ihn in seinem Alter noch dem Wind und dem Regen auszusetzen.

Doch kommt man so dem Phänomen des „Personenkultes" nicht näher. Der „Personenkult" ist ein integraler Bestandteil des politischen Systems der

Volksrepublik China. Die gegenwärtige Führung versucht seit kurzer Zeit mit einiger Vorsicht seine übertriebenen Erscheinungsformen abzubauen, aber auch sie wird nicht ganz auf ihn verzichten können. Chinesen neigen dazu, politische Probleme und Prozesse zu personalisieren, sie trennen kaum zwischen Programm, Stellung und Person. So wie Mao Zedong und Zhou Enlai in den Augen der Chinesen als personale Verkörperung der Erfolge und Errungenschaften des chinesischen Sozialismus erscheinen, so verkörpert die „Viererbande" seine entarteten und dunklen Aspekte. Die Auseinandersetzung mit den politischen Positionen der kulturrevolutionären Linken reduziert sich weitgehend auf eine Abrechnung mit der falschen politischen Linie einiger P e r s o n e n. Ausdrücke wie „bourgeois" oder „kapitalistische Linie" verdecken gewöhnlich nur, daß vom traditionellen marxistischen Instrument der Klassenanalyse in der chinesischen politischen Theorie kaum Gebrauch gemacht wird. Über die allgemeine Aussage hinaus, daß auch im Sozialismus der Klassenkampf zwischen Bourgeoisie und Proletariat fortdauert, hat die Kommunistische Partei Chinas bis heute keinen Beitrag zur Erhellung der gesellschaftlichen Hintergründe der Kulturrevolution und des Aufstiegs der „Viererbande" geliefert.

Auch hier wird deutlich, wie unauflösbar sich im politischen Denken der Chinesen feudales und marxistisches Gedankengut miteinander verweben. Ein Detail um das zu verdeutlichen: Jeder chinesische Kaiser erließ zu Beginn seiner Regierungszeit und in Abständen später wieder, Regierungsdevisen, die verbunden mit seinem Namen die Grundlage historischer Periodisierung für die chinesische Geschichtsschreibung bildeten. Nicht in der Betrachtung gesellschaftlicher oder kultureller Entwicklungen oder hervorstechender Ereignisse schuf sich das traditionelle China das Bewußtsein historischer Epochen, sondern in der Person des Kaisers. Natürlich spricht man heute in China nicht mehr vom Zeitalter Mao Zedongs oder Hua Guofengs, sondern von der Epoche des Sozialismus und der Periode der „vier Modernisierungen". Dennoch gibt es Gemeinsamkeiten. In China sagt man nicht einfach Mao Zedong, sondern immer „weida lingxiu Mao zhuxi" – der große Führer Vorsitzender Mao. Man sagt nicht Hua Guofeng, sondern „yingming lingxiu Hua zhuxi" – der weise Führer Vorsitzender Hua. „weida" und „yingming" sind nicht beliebige Attribute, sondern fester Bestandteil des Namens, es wäre in der Öffentlichkeit ganz unmöglich, sie wegzulassen. Ebenso unmöglich wäre es, sie zu vertauschen, oder andere Bezeichnungen zu verwenden. Hua Guofeng war „weise" seit dem ersten Tage seiner Machtübernahme und er wird es bleiben bis zu seinem natürlichen oder politischen Ende. Die Beiworte „groß" und „weise" erfüllen damit in gewisser Weise die Funktionen der kaiserlichen Regierungsdevisen, die in der Regel ebenfalls aus Worten wie „strahlend", „ruhmreich" usw. bestanden. In beiden Fällen wird dadurch der mit der Person des Regierenden untrennbare Glanz einer Herrschaftsepoche beschworen.

Zugleich dokumentieren diese Attribute, daß der politische Führer im Bewußtsein der Chinesen mehr ist, als ein austauschbarer Politiker und Funktionär. Er symbolisiert und versammelt in sich die mächtigen emotionalen Kräfte der chinesischen Gesellschaft. Die weit aufgerissenen und himmelwärts gewandten Augen chinesischer Schauspieler beim Aussprechen des Namens Mao Zedong in Filmen und Theaterstücken waren für uns Europäer theatralischer Kitsch. In den chinesischen Zuschauern lösten sie andere Reaktionen aus, sie evozierten ganz real die kollektiven Gefühle von Hoffnung, Dankbarkeit und Liebe. Selbst persönliche Gegenstände der großen Führer rufen diesen Effekt hervor, sie werden zu Fetischen im ursprünglichen, magischen Sinn des Wortes. In einem Museum in Xian sind die Hosenträger und Unterhemden Zhou Enlais in Vitrinen zu besichtigen. Mein inneres Amüsement erstarb vor der tiefen Rührung der jungen Museumswärterin, mit der sie uns diese Reliquien zeigte.

Der „Personenkult" hat seine zynischen Aspekte. Wer die Macht hat in Staat und Partei, kann mit dem Hinweis auf Mao Zedong jede Dummheit und jede Gemeinheit legitimieren. In den Jahren nach der Kulturrevolution wurden noch die unsinnigsten und gegensätzlichsten Positionen durch Mao-Zitate untermauert und es spricht für die Redlichkeit der gegenwärtigen Politik, daß sie mit dieser Praxis aufgeräumt hat. Und doch sind die gesellschaftlichen Kräfte von Liebe und Verehrung, die sich im „Personenkult" ihren Ausdruck suchen, mehr als Spielmaterial des politischen Kalküls.

Nie werde ich die Tage nach dem Tode Zhou Enlais vergessen. Tränenüberströmt oder starr vor sich hinblickend saßen unsere chinesischen Kommilitonen an ihren Tischen in der Mensa, keiner sagte ein Wort. Auf den Straßen Pekings standen die Menschen in Gruppen, manche Hand in Hand, weinend ohne Scheu. Nie in meinem Leben habe ich einen derartigen Ausbruch tiefer gemeinsamer Trauer erlebt. Die Trauer um einen verlorenen Geliebten.

Es war keine Hysterie dabei, kein dramatisches Gestöhne und rituelles Geschluchze. Niemand hatte diese Stimmung „angeheizt". Sie war im Gegenteil der damaligen Führung sehr unangenehm, sie versuchte die ganze Angelegenheit so weit wie möglich herunterzuspielen. In Peking und Shanghai untersagte man das Anlegen der schwarzen Trauerarmbinden und das Abhalten von Gedächtnisversammlungen. Das war der Punkt, wo der Widerwillen der Bevölkerung gegen die „Viererbande" umschlug in Haß und Empörung.

Hinter den Kampagnen zur Ehrung Zhou Enlais, die nach dem Sturz der „Viererbande" einsetzten, mag auch politische Berechnung gesteckt haben. Aber es war mehr. Es war eine Reverenz vor dem großem Parteiführer und Staatsmann, den die Chinesen wahrscheinlich noch mehr liebten als Mao Zedong. Vor allem aber sollte damit die Basis des Vertrauens zwischen Volk und Führung wiederhergestellt werden, die in den Jahren und Monaten zuvor schweren Schaden genommen hatte.

Natürlich kann dieses uneingeschränkte, fast gläubige Vertrauen mißbraucht werden. Und daß es mißbraucht wird, ist für Chinesen eine viel unmittelbarere Erfahrung als für den ausländischen Beobachter. In nur zehn Jahren haben sie die schockartigen Erfahrungen der Kulturrevolution, des Sturzes Lin Biaos, und der „Viererbande" miterlebt und mitgelebt. Und viel mehr als wir Ausländer sind sie mit den alltäglichen Fällen von Korruption und Machtmißbrauch auf allen Ebenen der Partei konfrontiert. Diese Erfahrungen sind nicht spurlos an ihnen vorübergegangen.

> *„China ist nicht mehr das China von früher*
> *Man kann das Volk nicht mehr für dumm verkaufen*
> *Die Feudalherrschaft des Qin-Kaisers ist ein für allemal vorbei*
> *Wir glauben an den Marxismus-Leninismus.*
> *Zum Teufel mit jenen ‚Gelehrten'*
> *Die den Marxismus-Leninismus kastrieren!*
> *Wir wollen den wahren Marxismus-Leninismus."* (14)

Dies ist eine Passage aus einem inzwischen in ganz China berühmten Gedicht, das während der Demonstrationen am 4. April 1976 neben unzähligen anderen auf den Sockel des Heldendenkmals in der Mitte des Tiananmen-Platzes geklebt wurde. In ihm dokumentiert sich das erwachte kritische Bewußtsein vieler Chinesen, die, obgleich überzeugte Kommunisten, begriffen haben, daß auch die Parteiführung Fehler machen kann, daß sie anfällig sein kann für

„revisionistische", sogar faschistische Tendenzen. Und doch hat das ihrem Vertrauen in die Kommunistische Partei keinen Abbruch getan.

Ich weiß nicht mehr, worum es in der Diskussion ging, in der eine chinesische Studentin auf irgend einen Einwand antwortete: „Aber der Vorsitzende Mao hat das doch gesagt." Als ihre etwas heftig veranlagte Gesprächspartnerin, eine ausländische Studentin, sie darauf anschrie: „Dann lügt er euch eben an!" wurde sie kreidebleich, starrte ihr Gegenüber fassungslos an und rannte schließlich aus dem Zimmer. Sie war weder blind noch naiv. Ich habe mich oft mit ihr unterhalten und verdanke ihr manche Information über die Schattenseite des chinesischen Sozialismus. Sie hat sich schließlich wieder beruhigt. Aber nie wieder diskutierte sie mit dieser Kommilitonin über politische Fragen. Nicht weil sie Angst hatte, sondern weil, wie sie mir erklärte, „die uns nicht verstehen kann."

Man hat dem chinesischen Sozialismus vorgeworfen, er sei „paternalistisch". Womit gemeint ist, die Kommunistische Partei betrachte das chinesische Volk wie Kinder, die sie bei der Hand nehmen und auf den rechten Weg führen müsse. Ich finde diesen Einwand berechtigt, er entspricht allen meinen Erfahrungen mit dem politischen System und dem Alltag der Chinesen. Aber es gibt solche und solche Eltern. Es gibt Eltern, die ihre Kinder nicht erwachsen werden lassen, sie im Zustand fügsamer Kindlichkeit festhalten wollen. Und es gibt Eltern, die ihre Kinder so erziehen, daß sie irgendwann einmal ohne sie leben können.

Ich glaube, keiner kann heute eine zuverlässige Antwort darauf geben, als Eltern welcher Art sich die Kommunistische Partei herausstellen wird. Noch immer befindet sich die chinesische Gesellschaft in einem Zustand der Bewegung, in dem auch scheinbar erstarrte Strukturen immer wieder ins Fließen geraten und dessen Erregtheit und Hektik einen merkwürdigen Kontrast zur Ruhe und bäuerlichen Gelassenheit des chinesischen Alltags bilden. China steht heute unter den Zwängen eines kolossalen gesellschaftlichen Umwälzungsprozesses. Nicht immer ist klar zu unterscheiden, ob die Politik der Kommunistischen Partei den Notwendigkeiten und Zielen dieses Prozesses dient oder den Herrschaftsinteressen und Privilegien einer sich neu formierenden Elite. Die Kommunistische Partei Chinas bewegt sich auf einem so schmalen Pfad zwischen kommunistischer Vision und faschistischer Tyrannei, daß mir schwindlig wird. Mao Zedong hat das klar ausgesprochen. China, so sagte er, stehe ständig in Gefahr, „die Farbe zu wechseln." Und wenn das eintritt, so fuhr er fort, so werde das Land nicht zu einer bürgerlichen kapitalistischen Demokratie werden, sondern im Faschismus versinken. Kürzer und genauer hat das bisher keiner gesagt.

6. Sozialismus und Coca Cola

Ich hatte nicht die Absicht, ein „aktuelles" Buch zu schreiben, eines jener flinken „Expertenbücher", die im nachherein faktenreich darlegen, wie alles so und nicht anders habe kommen müssen. Doch wünschten die Herausgeber, daß ich meinen Erfahrungen ein wenig tagespolitischen Schliff gebe. „Der Leser will wissen, wie du die Veränderungen der letzten Zeit beurteilst!" Ich weiß nicht, was der Leser wissen will und hatte während der Arbeit keine Zeit, darüber nachzudenken. Doch steckte hinter der fürsorglichen Ermunterung, mich auf das Gebiet der Schlagzeilenaktualität zu begeben, neben der Furcht, mit einem „unaktuellen" Produkt den Büchermarkt zu betreten, tatsächlich die naive Vorstellung, China sei in den letzten Monaten und Jahren von Grund auf „anders" geworden.

Als ich 1975 nach China kam, gehörte es zum politischen Ritual, die Geschichte der Volksrepublik China in zwei Epochen einzuteilen: „Vor der Kulturrevolution" und „nach der Kulturrevolution, insbesondere nach dem Sturz Lin Biaos". „Vor der Kulturrevolution" sah die chinesische Wirklichkeit eher düster aus, nicht die revolutionäre Linie des Vorsitzenden Mao beherrschte die politische Szene, sondern der „Revisionismus" des ehemaligen Staatspräsidenten Liu Shao-qi. „Nach der Kulturrevolution, insbesondere nach dem Sturz Lin Biaos" erstrahlte der chinesische Sozialismus in vollem Glanze, das politische Bewußtsein der „Massen" und die Produktivkräfte entwickelten sich sprunghaft, kurzum, „die Lage war ausgezeichnet".

Als ich 1977 China verließ, hatte neben der politischen Führung auch die Zeitrechnung gewechselt. Das Zeitalter der Finsternis hatte sich um 10 Jahre verschoben, in die Jahre vor dem Sturz der „Viererbande". Die Jahre vor der Kulturrevolution erschienen dagegen in weit freundlicherem Licht. Nur die gegenwärtige Lage war gleichermaßen „ausgezeichnet".

Es ist in China üblich, daß die im Auf und Ab der „Linienkämpfe" jeweils an die Macht gekommene Führung ihre gescheiterten Vorgänger als „revisionistisch", „konterrevolutionär" und „bourgeois" bezeichnet und den Anschein zu erwecken versucht, mit ihrem Machtantritt habe ein neues Zeitalter begonnen. Erstaunlich ist jedoch, wie bereitwillig sich die Chinabetrachtung bei uns dieser Fiktion angeschloßen hat. Die Massenmedien, getreu ihrem Grundsatz, daß der neue Mensch im wesentlichen aus neuen Kleidern besteht, machten sich gierig über die Randphänomene des politischen Neuorientierungsprozesses her und erweckten den Anschein, als seien die Chinesen dabei, sich in ein Coca-Cola saufendes Volk mit Jeans und Dauerwellen zu verwandeln. Im übrigen konstatierten sie erleichtert, daß nun auch in China ökonomische „Vernunft" den revolutionären Flausen den Garaus gemacht habe. Die chinafreundliche Linke dagegen, quälte sich mit der Frage, ob China nun „revisionistisch geworden sei. Beide sind sich jedoch in einem Punkt einig: Das China von heute ist ein ganz anderes China.

Schon einmal, zu Zeiten der Kulturrevolution, haben viele unter uns die von den Chinesen selbst verbreitete Vorstellung aufgegriffen, China habe sich quasi von heute auf morgen grundlegend gewandelt. Auch damals war das naiv, aber es war wenigstens verständlich. Kaum jemand hatte damals genauere Vorstellungen von der Wirklichkeit Chinas und viele von uns „Linken" haben mit der Kulturrevolution China „entdeckt". Ihre Ziele schienen denen unserer gescheiterten Rebellion verwandt und nur in einem unterschied sie sich fundamental: Sie war erfolgreich. Wir klammerten uns an das unglückliche Bild von Karl Marx, daß die neue Gesellschaft aus der alten „geboren" wird und glaubten in der Kulturrevolution den revolutionären Geburtsakt zu sehen, in dem der „neue Mensch" das Licht der Welt erblickte. Daß er unübersehbar behaftet war mit den „Muttermalen der alten Gesellschaft" , waren wir bereit zu konzedieren, und daß er mit Blut beschmiert war, erschien uns bei gerade Neugeborenen nicht ungewöhnlich, zumal die Ferne der Ereignisse dem Blutvergießen eine gewisse Romantik verlieh.

In Wirklichkeit war die Kulturrevolution nicht im mindesten die historische Zäsur, die sie zu sein vorgab. Jedesmal, wenn es mir bei Besuchen auf dem chinesischen Land gelang, durch die kulturrevolutionären Phrasen zur Wirklichkeit hindurchzustoßen, war ich verblüfft darüber, wie wenig die Kulturrevolution an den bäuerlichen Lebensgewohnheiten und den dörflichen Strukturen verändert hatten. Noch immer war die Macht der Clansbeziehungen ungebrochen, und ungebrochen war die Herrschaft der Kader. Noch immer träumten die Bauern von mehr Traktoren und wußten wenig von dem, was in der Nachbarprovinz geschah. Geändert hatte sich das politische Vokabular und der Name der Institutionen, aber die Probleme waren im wesentlichen die gleichen geblieben und die Bauern verwendeten noch immer mehr Sorgfalt auf die Pflege ihrer Privatgärten, als auf die der Kollektivfelder. Es war ernüchternd für mich, festzustellen, daß sich die politischen Strukturen und Machtverhältnisse Chinas ungeachtet der kulturrevolutionären Stürme und personellen Veränderungen kaum gewandelt hatten, und daß den meisten Chinesen, im Gegensatz zum Verbalradikalismus der Propagandaorgane, ihre materielle Misere wichtiger war, als Massendemokratie und Weltrevolution.

Ich war genötigt, zu begreifen, daß politische Umschwünge und gesellschaftliche Veränderungen zwei Paar Stiefel sind und daß die Ehe, die sie miteinander eingehen, voller Widersprüche steckt und jederzeit aufkündbar ist. Wie es Ehen so an sich haben, beginnen sie häufig mit den besten Vorsätzen und enden in Katastrophen. Gesellschaftliche Prozesse haben auch in China einen anderen Rhythmus, sie vollziehen sich unendlich langsamer, sind aber auch weniger reversibel, als der Wechsel der politischen Programme und Parteiführungen. Die Turbulenzen der Kulturrevolution und die Kritik an der „Viererbande" verändern die Lebens- und Denkgewohnheiten einer chinesischen Bauernfamilie auf lange Sicht weniger nachhaltig, als die Verbreitung der Mittelschulbildung auf dem Land und der Aufbau lokaler Kleinindustrien. Gesellschaftliche Prozesse sind zugleich störrisch und empfindlich gegenüber den Versuchen der Politik, ihnen ihren Willen aufzuzwingen. An ihren Fehlern auf dieser Gratwanderung zwischen politischem Ziel und gesellschaftlicher Realität ist die Politik der Kulturrevolution gescheitert und nicht daran, daß ihre Führer moralisch verwerflich waren oder gar die „Restauration des Kapitalismus" in China ins Auge gefaßt hätten. Daß sie in den Jahren vor ihrem Sturz die sich ständig erweiternde Kluft zwischen Anspruch und Wirklichkeit durch Einschüchterung, geistige Zernierung und eine alles vernebelnde Propaganda zu überbrücken suchten, verweist auf ein grundlegendes Problem des chinesischen Sozialismus und k a n n sich jederzeit unter jeder Führung wiederholen.

Es wäre auf der anderen Seite unsinnig, zu behaupten, nichts habe sich in China seit dem Sturz der „Viererbande" geändert. Jeder politische Wechsel hat seinen Einfluß auf den Gang der gesellschaftlichen Entwicklung. Die Maßnahmen der neuen Führung werden den Industrialisierungsprozeß beschleunigen, wie die Politik der „Viererbande" ihn gehemmt hat. Die „Viererbande" verschärfte den Konflikt zwischen technologischen Notwendigkeiten der modernen Produktion und dem Mangel an qualifizierten Experten, indem sie die Fachleute einer lähmenden Kontrolle durch die Politik unterwarf. Die gegenwärtige Politik wird sich in absehbarer Zeit mit den Machtansprüchen einer von ihr selbst geförderten technokratischen Elite herumschlagen müssen. Beide Widersprüche sind dem chinesischen System inhärent, sie wurden vom Wechsel des „Linienkampfes" so wenig geschaffen, wie der Industrialisierungsprozeß selbst. Wohl aber haben die politischen Veränderungen die vorhandenen Konflikte gemildert oder verschärft (manchmal beides zur gleichen Zeit), das Tempo der gesellschaftlichen Entwicklung beschleunigt oder verlangsamt und ihr spezielle Formen aufgedrückt. Von Bedeutung sind dabei selbst jene persönlichen Querelen in der Parteiführung, die das bevorzugte Thema für Spekulationen westlicher „Chinaexperten" bilden. Ich teile heute nicht mehr die blinde Verachtung unserer „Maoisten" für die „Pekingastrologie" unserer Massenmedien, die dazu neigt, innenpolitische Auseinandersetzungen auf persönliche Machtkämpfe führender Parteifunktionäre zu reduzieren. Ich mußte die bittere Erfahrung machen, daß sich meine begeisterten Prognosen als weniger zutreffend, meine „linken" Analysen als weniger stichhaltig erwiesen, als die vieler „bürgerlicher" Chinaexperten. In einem Land, in dem sich die Ausübung der Macht in den Händen einer winzigen Elite konzentriert, können einzelne Personen, ja sogar persönliche Feindschaften und familiäre Bindungen eine unverhältnismäßige Bedeutung im politischen Entscheidungsprozeß bekommen. Die Vorstellung, daß das Schicksal der chinesischen Gesellschaft am Schicksal einzelner Personen hängt, ist natürlich absurd. Die Spekulation westlicher Kommentatoren nach dem Tode Maos darüber, ob das gesellschaftliche System Chinas sein Ende überdauern werde, kann ich mir nur so erklären, daß sie das neue China auf gut kapitalistische Weise für seinen Privatbesitz gehalten haben. Da e r es geschaffen hat, mag er es auch mit sich ins Grab nehmen. Es gibt abartigere Formen des Personenkults als die chinesische. Wahr ist aber auch, daß der kranke und greise Mao in seinen letzten Lebensjahren der Lösung der innerparteilichen Konflikte im Wege stand und der Prozeß der notwendigen politischen Neuorientierung vor seinem Tode kaum möglich gewesen wäre. Daß sich die Rätsel der gesellschaftlichen Bewegungen Chinas mit den Methoden der „Pekingastrologie" nicht lösen lassen, liegt freilich auf der Hand.

Ebensowenig hilfreich ist die Frage, ob die neue chinesische Politik „revisionistisch" ist oder nicht. Es gibt gar keinen Zweifel daran, daß die gegenwärtige chinesische Führung, gemessen an den politischen Kriterien der Kulturrevolution, eine „revisionistische" Politik betreibt. In allen wesentlichen Punkten knüpft sie an der vor 1966 vertretenen und in der Kulturrevolution verurteilten politischen Linie an: Sie betont die Gültigkeit des Wertgesetzes, die Notwendigkeit von Profitindikatoren und materiellen Anreizen in der Produktion, den Vorrang der technisch-wissenschaftlichen Qualifikation vor der politischen Bewußtseinsbildung in der Erziehung, sie fordert die Verbindlichkeit positiver Rechtsnormen für die Lösung gesellschaftlicher Konflikte und sie fördert traditionelle und nicht unmittelbar politische Formen künstlerischer und literarischer Betätigung. Das Kommunique der 3. Plenartagung des Zentralkomitees der Kommunistischen Partei im Dezember 1978 stellt unmißverständlich fest, daß die Zeit der intensiven Klassenauseinandersetzung in China vorbei sei und daß gesellschaftliche Auseinandersetzungen, die der forcierten Industrialisierung und Modernisierung abträglich seien, zu unterbleiben hätten. Ein schrofferer Gegensatz zur Politik der Kulturrevolution läßt sich kaum denken.

Aber was ist damit gewonnen, diese Politik „revisionistisch" zu nennen? Der Begriff hat im Verlauf der innenpolitischen Auseinandersetzung der letzten Jahre jeden faßbaren Inhalt verloren, „revisionistisch" ist jeweils die Politik, die gescheitert ist.

Man mag zur gegenwärtigen Politik der Chinesischen Kommunistischen

Partei stehen wie man will. Aber in vieler Hinsicht vollzieht sich in ihr nur die Rückkehr zur Realität des sozialistischen Entwicklungslandes China. Eine der bedrückenden Erfahrungen meines ersten Jahres in China war die allmähliche Erkenntnis, daß das China, das sich in der chinesischen Presse wiederspiegelte, so gut wie nichts mehr mit der chinesischen Wirklichkeit zu tun hatte. Ich kaufte in dieser Zeit einen Bildband, der die Errungenschaften des chinesischen Sozialismus den Schrecken der kapitalistischen Gesellschaften gegenüberstellte. Das glückliche Leben im Sozialismus manifestierte sich auf großen Buntfotos, das kapitalistische Elend auf kleinen Schwarzweiß-Bildern darunter. Auf einer der Seiten war eine Werkhalle der Traktorenfabrik Loyang abgebildet, voll mit glänzenden roten Traktoren. Das kapitalistische Pendant zeigte die Stillegung einer Autofabrik. Thema: „Seit der Kampagne gegen Lin Biao und Konfuzius entwickelte sich die Industrie unseres Landes von Tag zu Tag blühender." Ich zeigte das Bild einem chinesischen Kommilitonen und er lachte bitter. Dann erzählte er mir unter dem Siegel der Verschwiegenheit, daß die Traktorenfabrik Loyang, die größte des Landes, seit 8 Monaten keinen Traktor mehr produziert habe. Die Arbeit sei auf Grund von Materialknappheit und internen Auseinandersetzungen völlig zum Erliegen gekommen. China könne nicht einmal seine Lieferverpflichtungen gegenüber Albanien erfüllen. Das sei in ganz China ein offenes Geheimnis. Ich solle im übrigen weniger Zeit darauf verschwenden, Zeitung zu lesen und lieber meine Augen offen halten.

Was sich in China seit 1976 vor allem geändert hat, ist dies: Das Land ist vom Zwang befreit, sich den Schimären einer „revolutionären" Scheinwirklichkeit unterwerfen zu müssen. Man muß vielleicht das Klima von Ängstlichkeit und Heuchelei miterlebt haben, um zu ermessen, was es für die Chinesen bedeutete, daß sie wieder einigermaßen offen über ihre Probleme und Nöte sprechen konnten, und daß in den Zeitungen und politischen Versammlungen wieder von den realen Konflikten und Zuständen der Gesellschaft die Rede war. Man muß die Enge und Einförmigkeit der kulturellen Szene unter dem Regime der „Viererbande" erlebt haben, um die Gier zu verstehen, mit der sich vor allem jüngere Chinesen auf die wiederaufgelegte Literatur der Jahre vor 1966 stürzten. Manche dieser Bücher waren schon Stunden nach ihrem Erscheinen wieder vergriffen, manche kamen gar nicht erst auf den Ladentisch, weil sie durch „die Hintertür" weitergegeben wurden.

Das Vertrauen, das die gegenwärtige Führung in der chinesischen Bevölkerung genießt, gründet sich heute weniger auf die Erfahrung, daß sie in der Lage ist, die dringenden Probleme Chinas zu lösen, als darauf, daß sie sie offen benennt: Armut, Rückständigkeit, Bürokratismus, Korruption, die Selbstherrlichkeit und Inkompetenz vieler Kader, das niedrige Bildungsniveau breiter Schichten der Bevölkerung, der Mangel an qualifizierten Experten, die enormen regionalen, sogar lokalen Unterschiede in der Entwicklung. Noch befindet sich die Parteiführung in der vorteilhaften Lage, die Schwierigkeiten und Unzulänglichkeiten des chinesischen Sozialismus auf das Schuldkonto ihrer Vorgänger abwälzen zu können. In Wirklichkeit hat die Kulturrevolution und in ihrem Gefolge die dilettantische und illusionäre Politik der „Viererbande" manche dieser Probleme verschärft, geschaffen haben sie sie nicht.

Weder die Konzeption noch die Methoden, mit denen die Partei diese Probleme heute zu lösen versucht, sind neu. Das Programm der „vier Modernisierungen" stammt aus dem Jahr 1956 und sollte bereits damals im Anschluß an die Kollektivierung der Landwirtschaft in Angriff genommen werden. Auch die politischen Maßnahmen zu ihrer Durchführung stammen im wesentlichen aus dieser Zeit. Im Rückgriff auf die alten Traditionen des maoistischen Sozialismus hat die Kommunistische Partei in einem vorsichtigen Demokratisierungsprozeß den „Massen" wieder Gelegenheit gegeben, ihre Bedürfnisse zu artikulieren. Die Nebeneffekte der sogenannten „Liberalisierung" sind in der westlichen Presse maßlos aufgebauscht worden. Sie hat der Diskussion über die Wählbarkeit und Kontrolle der Kader und den Forderungen der Bauern nach ausreichender Ernährung und besserer Rechnungsführung in den Kommunen wesentlich weniger Beachtung geschenkt, als dem Samstagabendtänzchen städtischer Jugendlicher und den obskureren unter den Wandzeitungen der zu Recht frustrierten Intellektuellen. Die Ängstlichkeit, mit der die Parteiführung diese „Auswüchse" der Demokratisierung und den ungehinderten und unkontrollierten Kontakt mit Ausländern wieder unterbunden hat, macht deutlich, wie sehr sie den traditionellen Strukturen des chinesischen Sozialismus verhaftet ist. Ihr geht es um die Anpassung des chinesischen Systems an die Erfordernisse der Industrialisierung unter Beibehaltung der alten Ziele und Herrschaftsverhältnisse.

Es ist ein wirklicheres China, mit dem wir es heute zu tun haben. Ein neues China ist es nicht.

FOTOS

S. 153 Maostatue in der Pekinger Universität

S. 160 Blick aus der Küche des Hauses der Familie Liu, Shangnian, Provinz Hebei

Rückseite: Wassergraben um den Kaiserpalast in Peking ; Aufschrift der Mauer: Fischen strengstens verboten

ANMERKUNGEN:

(1) Fritz C. Steinhaus, Rotasien 1985, Würzburg 1966, S. 310
(2) Klaus Mehnert, China nach dem Sturm, München 1973, S. 244
(3) ebenda, S. 245
(4) ebenda, S. 275
(5) ebenda, S. 230
(6) ebenda, S. 238
(7) R. Burchett, R. Alley, China – das neue Leben, Berlin 1974, Vorbemerkung zur deutschen Ausgabe
(8) jianming zhongguo dili, Shanghai 1974, S. 1
(9) renmin ribao, 15. Sept. 1978
(10) Claudie und Jacques Broyelle, Zweite Rückkehr aus China, Berlin 1978, S. 18
(11) Dokumente des 11. Parteitages der Chinesischen Kommunistischen Partei, Peking 1977, S. 149
(12) ebenda, S. 194. Es handelt sich hier um ein Mao-Zitat aus „Über die Berichtigung falscher Ansichten in der Partei", AW Bd.1
(13) Frank R. Scheck (Hrsg.), Chinas sozialistischer Weg, Frankfurt a. Main 1972, S. 9
(14) renmin ribao, 22. Nov. 1978

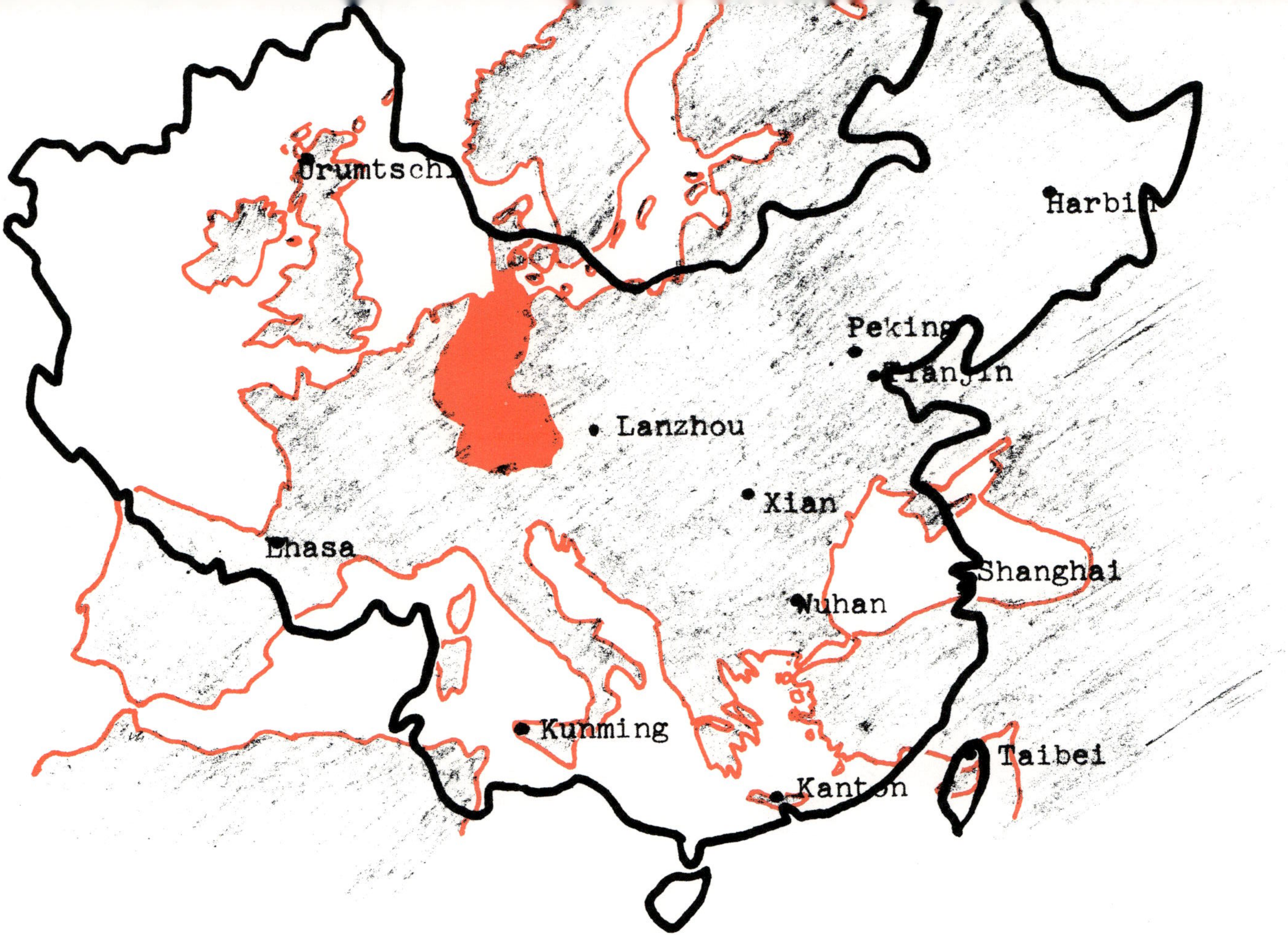

Harbi
Urumtschi
Peking
ianjin
Lanzhou
Xian
Lhasa
Shanghai
Wuhan
Kunming
Taibei
Kanton

ZUM AUTOR

Michael Kahn-Ackermann, Jahrgang 1946, schloß 1975 ein sechsjähriges Studium der Sinologie an der Universität München ab. Daran schloß sich vom Herbst 1975 bis Herbst 1977 ein zweijähriger Studienaufenthalt in der Volksrepublik China an. Der Autor studierte in dieser Zeit moderne chinesische Geschichte an der Universität Peking.